历史穿越报
春秋战国 卷

彭凡 著

化学工业出版社
·北京·

图书在版编目（CIP）数据

历史穿越报.春秋战国卷/彭凡著.—北京：化学工业出版社，2018.10（2020.6重印）
ISBN 978-7-122-32870-0

Ⅰ.①历… Ⅱ.①彭… Ⅲ.①中国历史-春秋战国时代-青少年读物 Ⅳ.①K209

中国版本图书馆CIP数据核字（2018）第193712号

责任编辑：刘亚琦　丁尚林　　　　　　　装帧设计：尹琳琳
责任校对：王　静

出版发行：化学工业出版社（北京市东城区青年湖南街13号　邮政编码100011）
印　　装：天津图文方嘉印刷有限公司
710mm×1000mm　1/16　印张13¼　2020年6月北京第1版第4次印刷

购书咨询：010-64518888　　售后服务：010-64518899
网　　址：http://www.cip.com.cn
凡购买本书，如有缺损质量问题，本社销售中心负责调换。

定　价：39.80元　　　　　　　　　　　　　　版权所有　违者必究

东周帝王世系表

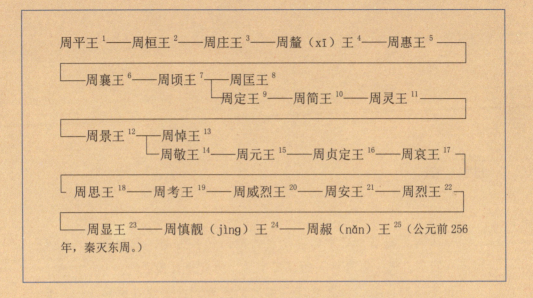

秦国帝王世系表

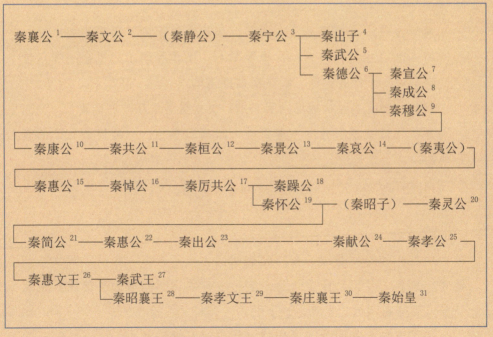

注：人名右上角数字为王位继承次序。

春秋战国卷

前　言

　　一般的历史书，记录的都是过去的回忆。但是，我相信，人们更想亲自回到古代，看看古人的真实生活、历史的真实面貌。

　　如果回到过去，你会发现：那时的土地，就像现在的房子一样金贵；那时的人们渴望飞上蓝天，就像我们今天渴望到达宇宙边缘一样执着；那时的人们发明火药、指南针，就像现在我们发明了电脑一样伟大……

　　那时虽然没有电视，没有网络，但也有数不完、道不尽的新闻。那时的人和现在的我们一样，也要学习、工作和娱乐，也会七嘴八舌地讨论当时最流行的话题，疯狂地崇拜明星。

　　例如，当花木兰从战场上回来后，女扮男装成了一种时尚；

　　当岳飞被秦桧害死后，老百姓一边痛骂秦桧，一边怀疑岳飞的真正死因；

　　当朱元璋从一个放牛娃变成皇帝后，全天下的放牛娃都受到了鼓舞；

　　……

　　现在，你是不是迫不及待地想回到古代，在第一时间了解这些新闻呢？别急，我们已经派人穿越到过去，将你想知道的事情一一记录下来，刊登在《历史穿越报》上啦。

　　为了方便大家阅读，我们将《历史穿越报》做成了合订本，一共

10本，每本12期，分别介绍了从夏朝到清朝十个阶段的历史。

我们的记者队伍非常庞大，他们分布在全国各地，将自己身边发生的新鲜事儿记录下来，寄到我们的编辑部。在这些记者中，有人喜欢记录重大事件，我们将这些稿件放在"天下风云"栏目；还有人喜欢搜集趣闻八卦，我们将这些稿件放在"八卦驿站"栏目。

《历史穿越报》还有一批非常勤奋的通讯员，每天穿梭在各大茶馆。不过，他们可不是去喝茶的哦，而是为了搜集百姓的心声，然后刊登在"百姓茶馆"栏目中。

我们还有一位大嘴记者，专门负责采访当时最杰出，或者最有争议的人物。他是一个非常大胆的家伙，就算是皇帝，他也要刁难一下，大人物对他的采访既期待又害怕。

此外，编辑们还选出了一部分读者来信和广告，刊登在报纸上。

总之，每一期报纸，既有精彩好看的新闻报道、另类幽默的名人访谈，又有轻松搞笑的卡通漫画、五花八门的宣传广告……翻开这本书，就如同亲身穿越神秘的上下五千年。

希望大家在读完这份报纸后，能更真切地了解中国五千年的历史，并能从中习得经验和教训，获得知识、勇气和快乐，让我们的穿越工夫没有白费。

目 录

第 ❶ 期 周天子下马

| 【烽火快报】 平王大搬家 13
| 【天下风云】 分封制带来的恶果→母亲挑拨离间，兄弟反目→活人也可黄泉相
    会→一箭射落了周王朝→放走中箭的周王心不甘 14
| 【新闻广场】 钱越来越多了吗? 22
| 【八卦驿站】 卫懿公好鹤 23
| 【名人有约】 特约嘉宾：姬寤生 26
| 【广 告 铺】 赏赐令→公主招亲→沉痛哀悼颍考叔 28

第 ❷ 期 齐桓公称霸

| 【烽火快报】 鲍叔牙让贤 30
| 【绝密档案】 两个好朋友 31
| 【天下风云】 管仲拜相→斗鸡人士曹刿大败齐国→宋国弃盟而逃，齐国杀鸡儆
    猴→是人聪明，还是马聪明→齐国攻打楚国，借口多多→一代霸
    主，烂在床榻上 34
| 【八卦驿站】 五张公羊皮，换回五个贤士 45
| 【名人有约】 特约嘉宾：姜小白 47
| 【广 告 铺】 以一园谢知己→谋士的倡导书→葵丘盟约 49

第❸期　楚晋崛起

【烽火快报】	宋襄公想做霸主 ... 51
【天下风云】	"仁义之师"被打败了→逃亡十九年，公子被迫当乞丐→好心办坏事，心里真愧疚→城濮之战，晋国退避三舍 ... 52
【八卦驿站】	智退秦师 ... 61
【名人有约】	特约嘉宾：重耳 ... 63
【广　告　铺】	采诗官的公告→《伯乐相马经》相马者的指导→求"五贤"的联系方式 ... 65
【智者为王】	智者第1关 ... 66

第❹期　楚庄王一鸣惊人

【烽火快报】	楚成王被太子逼死 ... 68
【天下风云】	不鸣则已，一鸣惊人→楚庄王问鼎中原→给一名"罪将"的回信→饮马黄河，称霸中原 ... 69
【八卦驿站】	一代贤后樊姬→楚庄王葬马 ... 75
【名人有约】	特约嘉宾：孙叔敖 ... 80
【广　告　铺】	招工匠改造马车→感谢孙叔敖大人→怀念孙叔敖大人 ... 82

第❺期 伍子胥报仇雪恨

【烽火快报】	楚国太子命丧郑国 84
【天下风云】	伍子胥逃亡，一夜白头→专诸鱼腹藏剑，刺杀王僚→女人也能当士兵→伍子胥掘墓鞭尸→如何复兴楚国？......85
【八卦驿站】	楚王戏人不成，反被人戏 95
【名人有约】	特约嘉宾：季札 96
【广 告 铺】	楚国迁都公告→抗议书→《道德经》新鲜出炉 98

第❻期 勾践卧薪尝胆

【烽火快报】	阖闾攻打越国，赔上自己性命 100
【天下风云】	夫椒大战，越国向吴国求和→受尽屈辱的"马夫"→勾践卧薪尝胆→忠臣为什么没有好下场？......101
【八卦驿站】	仁义孔子，错怪贤徒 109
【名人有约】	特约嘉宾：孔子 110
【广 告 铺】	为孔子守墓→感谢信→求购欧冶子的名剑 112
【智者为王】	智者第2关 113

第❼期 三家分晋

【烽火快报】智家想独占晋国……………………………………………………115
【天下风云】晋国被三家瓜分了→魏文侯礼贤下士→河伯娶媳妇→这样变法好
　　　　　　不好?…………………………………………………………………116
【八卦驿站】墨子破云梯…………………………………………………………123
【名人有约】特约嘉宾：吴起……………………………………………………126
【广　告　铺】魏国招武卒→有了鲁班，一切简单→招徒启事…………………128

第❽期 商鞅变法

【烽火快报】搬根木头，就能得到五十两黄金…………………………………130
【天下风云】太子犯法，与民同罪→真后悔没有杀孙膑→庞涓死于此树下……131
【八卦驿站】邹忌抚琴谏威王……………………………………………………138
【名人有约】特约嘉宾：商鞅……………………………………………………139
【广　告　铺】《孙膑兵法》促销→求见神医扁鹊→我的医治原则……………141

第❾期 合纵与连横

【烽火快报】 苏秦游说燕文侯 143
【天下风云】 苏秦游说六国→张仪连横，楚国吃亏→穿胡人的衣服打仗→燕昭王拜师，引来千里马→田单大摆火牛阵→蔺相如完璧归赵→是我心眼太小了 144
【八卦驿站】 鸡鸣狗盗也有大用途 157
【名人有约】 特约嘉宾：屈原 160
【广告铺】 求搬家建议→出售《论语》和《孟子》→大家都来称大王 162
【智者为王】 智者第3关 163

第❿期 长平之战

【烽火快报】 贤士范雎无人理 165
【天下风云】 远交近攻，范雎献良策→赵括纸上谈兵，葬送40万大军→毛遂自荐，轻松说服楚王→救赵还是不救赵？→偷来兵符救赵国 166
【八卦驿站】 "可怕"的信陵君 176
【名人有约】 特约嘉宾：赵胜 178
【广告铺】 敢死队召集令→信陵君的公告→罪己书 180

第⑪期　乱世商人吕不韦

【烽火快报】商人居然变丞相 …………………………………………… 182
【绝密档案】揭秘吕不韦的丞相之路 …………………………………… 183
【天下风云】吕不韦名扬天下→外国人都是间谍吗？→到底要不要杀韩非？ … 185
【八卦驿站】移花接木，引来灭门之灾 ………………………………… 191
【名人有约】特约嘉宾：李牧 …………………………………………… 193
【广 告 铺】改一字，赏千金→都江堰工程招工启事→求荀子的名言 … 195

第⑫期　秦王统一天下

【烽火快报】壮士一去兮不复还 ………………………………………… 197
【天下风云】荆轲刺秦，功亏一篑→秦王不听我的话怎么办？→秦王灭六国，统一天下 …………………………………………………………… 198
【八卦驿站】王翦向秦王要田宅 ………………………………………… 205
【名人有约】特约嘉宾：荆轲 …………………………………………… 206
【广 告 铺】谁与我一同祭拜荆轲？→尚黑令→魏国守将的遗书→天下从此一家人 …………………………………………………………… 208
【智者为王】智者第4关 ………………………………………………… 209
【智者为王答案】 ………………………………………………………… 210

第 ❶ 期

〖公元前 770 年—公元前 681 年〗

周天子下马

穿越必读 ▶

公元前 770 年，周幽王的儿子宜臼（jiù）迁都洛邑（今河南省洛阳市），建立东周，史称周平王。这时候东周的势力已渐渐衰弱，各诸侯国已经不把周天子放在眼里。其中郑国的势力日趋强盛，并做出了一系列与朝廷对抗的事情，从而拉开了诸侯争霸的帷幕。

平王大搬家
——来自洛邑的加密快报

西周末年,周幽王的老丈人申侯不满周幽王独宠褒姒(sì),废掉自己的女儿、外孙,联合犬戎攻进都城镐(hào)京。原本繁华热闹的京城,现在,到处一片狼藉。

公元前770年,原太子宜臼(史称周平王,也就是申侯的外孙)登上王位后,发现国库空空,便想把都城搬到洛邑去。

百分之九十九的大臣都赞成这个决定。只有卫侯极力反对,说:"大王如果放弃镐京,恐怕王室以后就要衰落下来。不如在此励精图治,重振周朝雄风,打败犬戎。"

周平王正在犹豫时,申侯派人送来急信,说犬戎来势凶猛,请平王出兵。周平王怕惹祸上身,便急匆匆地搬到洛邑去了,并正式将它定为周朝新都(史称东周)。

消息一传出,老百姓乱成一团。有人大骂:"胆小鬼,居然会害怕区区一个蛮夷!"也有人大赞:"平王英明,留得青山在,不怕没柴烧。"

不久,官方传出消息说:"我们这样做,不是向敌人让步,而是迷惑敌人。而且我朝士兵经上次一战,元气大伤,所以借此机会休养生息,请大家少安毋躁。"老百姓这才安心下来。

来自洛邑的加密快报!

分封制带来的恶果

平王迁都后，镐京一片萧条，但还是有一些老百姓坚守家园，表达了自己"誓与镐京共存亡"的决心。有人一针见血地指出，导致平王搬家的根本原因是我们诟（gòu）病已久的分封制度。

什么是分封制呢？这得从西周初年说起。周朝灭了商朝之后，天子可以说是天下第一大财主，要地有地，要钱有钱，要人有人，要多威风有多威风。

天子也有很多老婆的。老婆一多，子孙就多。但是王位只能是一个人坐，其他的孩子统统都得靠边站。但这些都是自己的骨肉啊，既然不能继承王位，那么就给块地给些钱，封个侯爷的名号吧！

可这大周的天下又不是光凭你一大家子就能打下来的，立功最多的多半是大臣们。要是只封自己的亲人，不封功臣，那可能就江山不保了。所以，也给功臣们分点儿地，封个官儿，去好好生活吧！

这就是周朝的分封制。

最初，这种制度的弊端还不太明显，时间一久，分封的诸侯越来越多，分出的地也就越来越多。这样一来，天子的地大大缩水。地少了，钱粮自然就少了，再加上出了几个昏君，不打败仗才怪呢！

母亲挑拨离间，兄弟反目

　　犬戎攻进镐京后，周宣王的弟弟姬（jī）友为了保护周幽王，不幸战死；再加上姬友的儿子掘突（即郑国的郑武公）护驾有功，因此被封为卿士（相当于宰相），郑国的势力渐渐强大起来。

　　公元前754年，郑武公的夫人武姜（申侯之女）生下了两个儿子，哥哥叫寤（wù）生，弟弟叫叔段。由于哥哥生下来时难产，因此武姜很不喜欢哥哥，却对弟弟宠爱有加，多次要求武公让弟弟继承家业。武公却以"长幼有序"的理由拒绝了，因此武姜更加不悦。

　　武公去世后，寤生继承了君位（即郑庄公）。武姜见叔段无权，就说庄公对弟弟太刻薄，命令庄公把京（今河南省郑州市荥阳东南）封给叔段。

　　大夫祭足却不同意，说："京比都城还大，人多地广，不可封给您的弟弟啊！"但庄公还是答应了。

　　叔段仗着有母亲的支持，在京招兵买马，囤积粮草，企图夺权。百姓们见了，对此议论纷纷。

　　有人向郑庄公告发，郑庄公还告诫那人不要瞎说。叔段见郑庄公这种态度，更加肆无忌惮。

　　祭足看了，忍不住劝郑庄公说："当断不断，反受其乱啊！还是早点儿除掉他比较好。"

　　郑庄公说："我也不是没想过，但他现在又没有做得太过分，我若杀

了他,我母亲肯定会从中阻挠,百姓肯定会说我不孝不义啊!"

公子吕献计说:"不如主公假传消息,说去觐见周王。让叔段以为国内空虚,起兵反叛。到时我们再趁机杀了他。"

第二天,庄公便假装去觐见周王了。武姜听说,心中大喜,立刻派人写密信一封,让人送给叔段,约他五月上旬攻打郑国。

她没想到的是,庄公早就派人埋伏在送信人的必经之路,把信夺了过来。庄公看了信之后,把时间改了改,又送给了叔段。

叔段得到消息,迫不及待地带兵出发,准备进攻郑国都城。庄公趁机命人讨伐京,断了他的后路。

叔段没有防范,措手不及,被庄公打得落花流水。叔段仰天长叹,最后来了一句:"娘啊,你害死我了!"自刎而死。

庄公闻讯赶到,扑到叔段的身上大哭:"弟弟啊,你怎么这么想不开啊!"

弟弟啊!你怎么这么想不开啊!

庄公命人将武姜写给叔段的信送回郑国,并叫他带话:"你害死了自己的小儿子,又让大儿子背负杀弟弟的罪名,你是什么娘啊?"武姜听了,羞愧不已。

庄公恨母亲如此对待自己,命人将母亲送到颍(yǐng)地,并发誓不到黄泉不再相见。意思是,到死也不要见到她了。

活人也可黄泉相会

虽然把母亲赶走了，但郑庄公的心里也不好过，因为那毕竟是自己的亲娘啊。所以没多久，他就开始想念母亲，叹道："我已经迫不得已杀了弟弟，怎能再抛弃母亲呢？"可是他身为一国之君，而且已经发过那么狠的誓言了，怎么能随意反悔呢？

想来想去，郑庄公没有想出个办法来，彻夜难眠。

于是祭足帮他请来了一个人。这个人名叫颍考叔，是颍地的地方官，为人正直无私，而且是个有名的大孝子，见郑庄公把母亲驱赶到颍地，就说："娘虽然不像个娘，但儿子能够不像个儿子吗？"

晋见庄公的时候，他带了两只猫头鹰。庄公见了，觉得奇怪，就问："这是什么鸟啊！"

颍考叔答："这只鸟叫鸮（xiāo），小的时候，它妈妈一口一口把它养大，大了之后，却会把妈妈吃掉，是一种不孝之鸟，因此我捉了它来吃。"

庄公听了，不说话了。

这时，厨师又把烤羊肉送了上来，庄公就命人割掉一条羊腿给颍考叔。颍考叔却把羊腿藏在袖内，庄公好奇地问："为何要这么做？"

颍考叔说："臣家有老母，因为家贫，从来没吃过这样的美味。现在我在这里享受这么好的美味，母亲却在家没有尝到一小口。一想到这些，我怎能下咽？因此，我要带一些回去给老母亲吃。"

郑庄公听了，长叹一声，说道："你真是个孝子啊！你有老母亲奉养，

天下风云

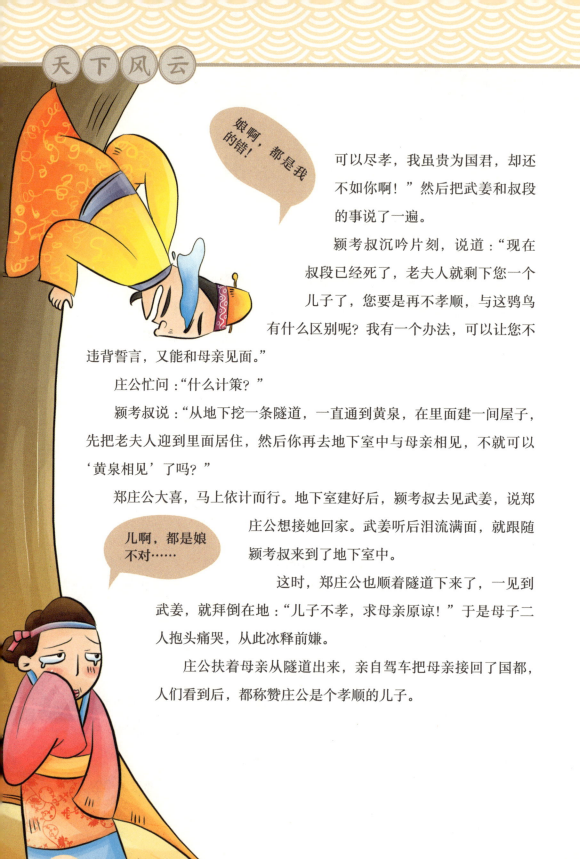

"娘啊，都是我的错！"

可以尽孝，我虽贵为国君，却还不如你啊！"然后把武姜和叔段的事说了一遍。

颖考叔沉吟片刻，说道："现在叔段已经死了，老夫人就剩下您一个儿子了，您要是再不孝顺，与这鸮鸟有什么区别呢？我有一个办法，可以让您不违背誓言，又能和母亲见面。"

庄公忙问："什么计策？"

颖考叔说："从地下挖一条隧道，一直通到黄泉，在里面建一间屋子，先把老夫人迎到里面居住，然后你再去地下室中与母亲相见，不就可以'黄泉相见'了吗？"

郑庄公大喜，马上依计而行。地下室建好后，颖考叔去见武姜，说郑庄公想接她回家。武姜听后泪流满面，就跟随颖考叔来到了地下室中。

"儿啊，都是娘不对……"

这时，郑庄公也顺着隧道下来了，一见到武姜，就拜倒在地："儿子不孝，求母亲原谅！"于是母子二人抱头痛哭，从此冰释前嫌。

庄公扶着母亲从隧道出来，亲自驾车把母亲接回了国都，人们看到后，都称赞庄公是个孝顺的儿子。

一箭射落了周王朝

周平王死后，他的孙子姬林（即周桓王）即位后，暗中联系了蔡、卫、陈三国诸侯，攻打郑国。桓王为什么这样做呢？

原来，这些年来，朝中大权一直由卿士郑庄公执掌。平王很不高兴，于是想另外找一个人为他统治管理天下。

郑庄公知道了，大为不满，于是闹着向周平王辞职。

周平王再三赔礼，郑庄公就是不依。最后在文武大臣的劝解下，周平王不得不同意让太子姬狐去郑国"学习"（实际是做人质），作为交换，郑庄公也把公子忽送到周朝去"学习"。

周平王死后，姬狐因为没来得及给父亲送终，悲痛而死。桓王因此对郑庄公一直怀恨在心。有一天上朝时，就对郑庄公说："郑侯年岁已大，辈分又高，本王不忍心让你老人家天天来上朝，还是回家养老去吧！"

郑庄公一听，这老脸挂不住啊，于是气呼呼地说："多谢大王，我早就想回去了，告辞！"一出门，就对别人说，"这个忘恩负义的东西，不值得辅佐他！"

不久，郑庄公便打着周天子的招牌，出兵攻打宋国，把宋国打得一败涂地，还立了新国君（即宋庄公）。从此，郑庄公在诸侯中威望大增，许多小国把他奉为首领。

这让周天子的面子往哪里放？姬林大怒，干脆免掉了他的卿士身份。郑庄公也不示弱，干脆一连五年都不去上朝了，表示不把姬林放在眼里。

天下风云

"这个郑寤生实在过分,朕跟他誓不两立!"姬林不顾大臣劝阻,立刻率领蔡、卫、陈三国,一同讨伐郑国。为鼓舞士气,这次他还亲自带兵。

没想到郑庄公也带着三支军队来迎战。姬林气得不行,派人到阵前将郑庄公臭骂了一顿。没想到郑庄公像没听见似的,等到姬林这边骂到下午,士气低落时,郑庄公就挥动大旗,冲了上去。蔡、卫、陈三国的士兵本来就不想给周王打仗,见对方来势凶猛,纷纷溃逃。

姬林本人也被敌军一箭从马车上射了下来,庆幸的是,只是射到了肩膀,不然他也就一命呜呼了。

这一箭,不仅把周桓王射下了马,也把整个破败不堪的周王朝射下了马。

堂堂天子,居然连郑国都打不过!各地诸侯更不把形同虚设的周王朝放在眼里了,战火在神州大地肆意燃烧起来。

放走中箭的周王心不甘

编辑老师：

　　你们好！

　　不久前我们打了一次大胜仗，真是过瘾啊！那个没用的周天子还被我射下了马，哈哈。不过，也怪我箭艺不精，射偏了，只射到了他的肩膀。我心里后悔啊，拍马就想继续往前追。那周天子中了我的箭，要活捉他简直是易如反掌啊！

　　可是就在我要立下盖世奇功之际，郑庄公却突然鸣金收兵。军令不得不从，我只好眼睁睁地看着"猎物"从我的眼前逃走。

　　我真是不明白，庄公不是一心想整周王吗？怎么最后还把他放了呢？

郑国战将祝聃（dān）

祝将军：

　　你好！

　　也许你觉得，这一箭是立了大功，但对于你的国君来讲，你这一箭险些把他陷入困境啊！

　　跟天子打仗，我相信，换作任何一个人，除非迫不得已，都不愿意做这种事。郑庄公出面迎战，是出于"自卫"。他要不出兵，由着周桓王欺负，以后在诸侯面前肯定也抬不起头来。所以，他这一次不过是想挫挫周桓王的锐气，让他以后再也不敢轻视你们！

　　但你却射了他一箭，这就有点儿玄乎了。如果周天子身子骨不好，被你射死了怎么办？你们就犯下了杀君之罪，到时如何向天下人交代呢？就算没杀死周天子，你把他活捉了来，又能拿他怎么样呢？君子不希望逼人太甚，何况欺凌天子呢！

　　所以，你们还是赶紧去给周天子一个台阶，也给自己一个台阶下吧！

报社编辑

（没多久，郑庄公派人去向周桓王请罪，周桓王本想让各路诸侯讨伐郑国，见郑庄公来认错，也就顺水推舟，赦免了他。）

钱越来越多了吗？

由于各国都不受周王朝的统治，自己的军队自己管，自己的东西自己买卖，这样一来，为了方便本国的经济交流，各国都开始私自铸币。

结果，货币的种类越来越多，让人目不暇接。其中最有名的是布币、刀币两种。

布币也叫铲布，是一种以农具铲为型打造的铜币，主要在周王朝都城以及晋、郑、宋、赵等太行山西麓地区流通。

刀币的形状像青铜刀，柄端有个环，如果将6枚刀币首尾相接，可以组成一个圆环。最初是在齐国使用，后来渐渐流通到燕、赵地区。

春秋时期有名的谋士计然说："钱越来越多，这是一件好事，这说明我们的经济发展起来了，同时，社会也在不断进步啊！"他还表示，尽管现在到处都在打仗，但是，战争阻止不了人类的进步，一切都会好起来的。

卫懿公好鹤

卫国的国君赤即卫懿(yì)公有一个特别的爱好,就是养鹤。

凡是给他献鹤的人,统统可以重赏,还可以封做大官。这样一来,满朝文武大臣都是养鹤人,宫里的鹤比宫女还多。大街上人鹤同行,田间鹤影成群。整个卫国也成了养鹤乐园。

更荒唐的是,卫懿公认为鹤是吉祥富贵的象征,是上天遗落人间的仙鹤,能够给人带来好运。因此他封丹顶鹤为太师,封灰冠鹤为将军,封蓝鹤为国相,同时给予相应的俸禄。

只要不出门,他就会跟鹤在一起游戏。凡是出门,他都会带上这些鹤。不同级别的"鹤官"坐不同级别的车。走路时,走在最前面开路的是两只灰冠鹤将军,卫懿公和丹顶鹤并排走在中间,蓝鹤等跟在其后,看

八卦驿站

起来威风凛凛。

为了养鹤,他对百姓横征暴敛。老百姓们都吃不上饭,他的鹤吃的却是山珍海味。将军们打了胜仗没有赏赐,鹤将军们却动不动就涨半级,上朝的时候,鹤比人还靠前。

所以,卫国举国上下,没有一个人不对卫懿公恨之入骨的。

有一年冬天,狄(dí)人对卫国发动了战争。可将士们没有一个愿意去打仗:"主公可以让鹤去打仗,鹤有爵位,我们没有爵位哪能去战斗?"

卫懿公惊慌了,说:"鹤怎能打仗?"

众人说:"既然鹤不能打仗,为何您要养这些没用的鹤,而看轻有用的人呢?"

卫懿公听了,悔恨不已,慌忙向大家点头作揖,说:"我知罪了。"为了表示痛改前非,当场让人把这些鹤全部放走。

令人感叹的是,这些鹤跟他待在一起久了,竟然轰也轰不走,赶也赶不散,依然在宫廷上空盘旋飞翔,不肯离去。卫懿公一气之下,掐死了一只鹤,并对大家许下诺言:"过去我玩物丧志,对不起大家,这一次我一定和大家一起上战场,决不临阵脱逃!"

尽管如此,卫军最后还是因为人数太少,平常又缺乏训练,全军覆没,卫懿公自己也被杀了。

名人有约

大嘴记者

特约嘉宾：姬寤生

身份：郑庄公

大：大嘴记者　**姬**：姬寤生

大：庄公，您好！您的弟弟去了，您是不是感到十分悲痛？

姬（抹了一下眼泪）：当然了。我就这么一个亲弟弟，而且他又是那么惹人喜爱。

大：恕我冒昧，有人说您对他是"欲擒故纵"？

姬：说这话的人，真是不经大脑。我要是故意纵容他，我会纵容他 20 年吗？何况罪魁祸首又不是他，我只是想给他时间，让他去克制和改正，20 年时间不短吧？

大：那倒是，如果真要找个理由杀了他，是不需要 20 年的。

姬（鼓掌）：你终于开窍了。

大：您刚刚说罪魁祸首不是他，请问您是指？

姬：算啦，我也不想说她的不是，毕竟她是我的亲娘。

大：您确定您是她亲生的吗？

姬：兄弟啊，我也怀疑啊！她要不是我的亲娘倒好办了。不过这只是假设，我别无选择。

大：面对这么个变态的母亲，您能忍 20 年，我真怀疑您是"忍者神龟"啊！

名人有约

姬:"忍者神龟"是什么东西?呀,你骂我是乌龟?

大:没有啊,我是祝您像乌龟一样长寿啊!

姬:我倒是真想再活几年,现在正是乱世造英雄的好时候,不知还能不能轮到我。

大:您已经够厉害了,连周天子您都敢跟他翻脸!

姬:是这个桓王太不识时务,他们家已经没落了,他还跟我摆架子,要罢我的官。他也不想想,要不是我爷爷当年救了他爷爷一命,他还能安安稳稳地坐在龙椅上吗?

大:别气别气,气坏了身子可不好。您不是早已经和齐、卫、宋等大诸侯国结成联盟了吗?现在大家都把您当大哥呢!

姬:提起他们就生气。我已经很多年没跟他们来往了!

大:那不提他们了,还是谈谈您的宝贝儿子们吧!听说您很宠他们啊!

姬:自己的孩子当然自己爱啊!我现在在想我的这些儿子们,谁继位最合适呢?

大:不是世子公子忽(即郑昭公)吗?他能文又能武的,难道您对他不太满意?

姬:我这些儿子啊,都是人才。可是你知道当老大最重要的是什么?是心要狠、手要辣。忽虽然能力强,但是太善良了;突虽然能力差一点儿,但是办事果断,而且最像我,主意最多!我最喜欢!

大:可是接班人一定要立长子才能服众啊。不然,有可能生乱啊。

姬(沉吟良久):唉,那我就立忽吧。

大:您还是别太操心了,多注意休息。今天的采访就到这里,谢谢您接受访问。

广告铺

赏赐令

前几天郑庄公的人带着兵马,跑到我们周朝来割稻子,还来来回回抢了好几次。他们不顾一国诸侯的颜面,做出这样的事,我看是他们太缺乏粮食了。为了让他的人以后不要再干这些事儿,现特赐郑卿十车黍(shǔ)米。望周朝百姓也看好自己的粮食。

周桓王

公主招亲

周朝还有一位年轻貌美的公主没有出嫁。为了确保公主的幸福,我希望将她嫁给一个强大的诸侯。结亲之后,大周朝愿与该诸侯国友好合作,共同发展,共同进步。

周桓王

沉痛哀悼颍考叔

在讨伐许国的战役中,颍考叔不幸为国捐躯。但让本人感到痛心的是,他不是死于敌军之手,竟然是死在自己人的暗箭之下。虽然我可以查出真相,但我不想再杀害自己人。

为了表彰颍考叔的忠心,现下令,每100个士兵出一头猪,每25个士兵出一只狗和一只鸡,并招巫师若干名,前来念咒,诅咒那个放暗箭的人。

在为颍考叔守灵的3个月内,所有大臣和将军都轮流守灵。

郑庄公

第 2 期

【公元前 685 年—公元前 643 年】

齐桓公称霸

穿越必读

春秋时期，中华大地上先后出现了五位霸主，他们分别是：齐桓公、晋文公、楚庄王、吴王阖闾（hé lú）、越王勾践。齐桓公重用人才，任用管仲为相。在管仲的治理下，齐国日渐强大，齐桓公也成了春秋时的第一位霸主。

鲍叔牙让贤
——来自齐国都城临淄的加密快报

公元前685年,公子小白(即齐桓公)成了齐国的国君,便想任命一直对他很忠心的鲍叔牙为相。

没想到,鲍叔牙诚恳地拒绝了,还说:"臣是个平庸之辈,并没有治国的才能。主公要想称霸天下,还得请我的好朋友管仲来。"

齐桓公不同意:"这人当初射了我一箭,差点儿把我害死,我不杀他就算好了,怎么还能让他担任宰相呢?"

鲍叔牙马上说:"我听说贤明的君主是不记仇的。更何况当时管仲是为公子纠效命。一个人能忠心为主人办事,也一定能忠心地为君王效力。"

齐桓公说:"那你明天带他来见我吧!"

鲍叔牙摇摇头:"主公要得到天下贤才,不应该随便召见。"

听到这里,你是不是有点儿好奇了,这个管仲究竟是什么人?为什么会跟齐桓公结仇?而他和鲍叔牙又是什么关系呢?请见下回分解。

"来自临淄的加密快报!"

两个好朋友

　　管仲和鲍叔牙是一对好朋友,一个才华出众,一个待人真诚,他们志趣相同,彼此了解,相互信任。

　　管仲家里很穷,要奉养老母亲,鲍叔牙知道了,就找管仲一起合伙做生意。管仲出的钱少,分红的时候却拿得多。鲍叔牙不但毫不计较,还问:"这些钱够不够?"好像恨不得把所有赚的钱都分给管仲似的。

　　有好几次,管仲帮鲍叔牙出主意办事,反而把事情办砸了,鲍叔牙也不生气,还安慰管仲,说:"事情办不成,不是因为你的主意不好,而是因为时机不合适,你别介意。"

　　生意做不好,管仲就去做了官。结果做了三次官,三次被罢免。人们都说他品行肯定有问题。

　　鲍叔牙却说:"绝对不是,是他没有碰到赏识他的人。"

　　当官不行,管仲和鲍叔牙又去当兵作战。鲍叔牙每次都冲在最前面,杀敌最勇敢。管仲呢,进攻的时候总是落在最后面,逃跑的时候,却总是跑在前面。一共打过三次仗,管仲就逃了三次。

绝密档案

别人都骂管仲是胆小鬼。鲍叔牙又站出来为好朋友辩解："他不是怕死，而是他要死了，家里老母亲就没人养了啊！"

就连管仲也不得不承认："生我者父母，知我者鲍叔牙啊！"

后来，齐国发生了内乱。公子们为了避祸，纷纷逃到别的国家等待机会。管仲辅佐在鲁国居住的公子纠，而鲍叔牙则在莒（jǔ）国侍奉另一位齐国公子小白。

不久，齐国国君被杀死，齐国没有了君主。公子纠和公子小白听到消息，急忙骑上快马，日夜兼程往齐国赶，想抢夺君位。

得知鲍叔牙和公子小白走在前面，管仲便先一步赶了上去。待看到他们的车马后，管仲弯弓搭箭，对准公子小白射了一箭，只听"哐啷"一声，公子小白吐血倒下。管仲便率领人马迅速离去。他们认为公子小白已死，再也没有人争夺君位，也就不急着赶路。

不过令管仲没想到的是，他的箭技太差，只射到公子小白腰带上的挂钩，并没有伤到公子小白。只是公子小白急中生智咬破舌尖，吐了一口血，这才瞒过管仲。

后来，公子小白抢先回到了齐国，在一个简短的仪式后，当上了齐侯。

管仲拜相

在鲍叔牙的建议下,齐桓公同意选个良辰吉日,亲自把管仲接了回来。

齐桓公问管仲:"先生,做国君最重要的是什么?"

管仲回答:"要以民为天。国君以民为天,百姓爱戴国君,国家就会安定;百姓帮助国君,国家就强大;百姓对国君不满,国家就危险;百姓厌弃国君,国家就灭亡。"

"那怎样得到民心呢?"齐桓公接着问。

管仲回答说:"要得民心,先要使百姓富足。先富民,后强国。藏富于民,国家才能强大;与民争利,再强大也不过是一时。"

"国家强大了,远地方的人才愿意来,本地方的人才留得住。只有大家的粮食都充足了,衣食无忧了,就懂得礼、义、廉、耻了,也就知道遵守法律法规了。通常讲安定的国家常富,混乱的国家常贫,

就是这个道理。"

这时齐桓公又问："百姓已经富足安乐，兵甲不足又该怎么办呢？"

管仲说："兵在精不在多，兵的战斗力要强，士气必须旺盛。士气旺盛，这样的军队还怕训练不好吗？"

齐桓公又问："士兵训练好了，如果财力不足，又怎么办呢？"

管仲回答说："要开发山林，开发盐业、铁业，发展渔业，以此增加财源。发展商业，取天下物产，互相交易，从中收税。这样财力自然就增多了，军队的开支不就可以解决了吗？"

经过这番讨论，齐桓公很兴奋，就问管仲："兵强、民足、国富，就可以争霸天下了吧？"

管仲严肃地回答说："不要急，还不可以。争霸天下是件大事，切不可轻举妄动。当前迫切的任务是百姓休养生息，让国家富强，社会安定，不然很难实现称霸的目的。"

听了管仲的一番话，齐桓公被他彻底折服了。不久就拜管仲为相，并尊他为仲父，由他放心大胆地主持一系列的经济和政治改革，还下令，任何敢说管仲坏话的人，以叛国罪论处。

在管仲的辅助下，齐国进入了新的时期，天下也进入了一个崭新的时代。

编 辑 评 说

管仲曾经向齐桓公射了一箭，可齐桓公即位后，不但不计前嫌，还任用管仲为相。由此看来，齐桓公是一位非常宽容大度，而且爱惜人才的君王。正因为这样，日后他才能成为春秋时期的第一个霸主！

斗鸡人士曹刿大败齐国

公元前 684 年春，齐桓公不顾管仲的反对，向自己强大的邻国——鲁国下手了，并让鲍叔牙领军。

之前好几次的齐、鲁之战，鲁国都被打败了，因此听说齐军打来了，鲁庄公和群臣便有点儿惊慌，鲁庄公问大臣们说："怎么办，怎么办啊？"

关键时刻，有人举荐一个叫曹刿（guì）的民间斗鸡人士。举荐他的原因是虽然这个人的鸡不怎么样，但他每斗必赢。

战争开始了，鲁庄公和曹刿坐着同一辆战车来到战场——长勺（今山东省莱芜市东北）。

刚摆好阵势，那边鲍叔牙就将战鼓敲得震天响。

鲁庄公一听，也要命人擂鼓。曹刿摆摆手说："时机未到。请大家严守阵地！"齐军没有听见鲁军的战鼓，骚动了一下。

鲍叔牙又下令第二次击鼓。鲁庄公看了曹刿一眼，曹刿又摆摆手说："再等等。"齐军再次骚动，只是这次骚动的时间更长。

那边擂战鼓的人手都敲软了，这边的鼓手举着鼓槌急得直跺脚。直到齐军擂响了第三遍战鼓，曹刿才一挥手："好，现在开始反攻！"

鲁军早就等不及了，在一片激励人心的战鼓声中，个个如同猛虎下山，扑向齐军。齐军措手不及，不一会儿，就被打得丢盔卸甲，狼狈溃逃。

鲁庄公见齐军败退，大手一挥，要继续追击。曹刿忙说："别急。"他下了战车，看了看，然后又往齐军逃跑的方向望了一阵，这才说："可以追了。"

鲁军追杀了三十多里,斩杀、俘虏了许多齐军,大胜而归(史称"长勺之战")。

战后,鲁庄公觉得奇怪,问:"为何要等到齐军第三次击鼓进军时,才要下令出击呢?"

曹刿说:"打仗主要靠士气,而击鼓就是为了鼓舞士气。第一次击鼓时,士气旺盛;第二次再击鼓,士气就开始衰落了;到第三次击鼓时,士气已消失殆尽了。敌军击了三次鼓,已经士气大跌,我们却是一鼓作气,勇气十足,当然就把对方打败了。"

庄公又问:"那为什么齐军逃走了,你不让马上追赶呢?"

曹刿说:"打仗时,假假真真,虚虚实实,齐军虽然退了,但也可能在后面有埋伏,因此我下车看看,发现他们车辙辘很乱,旗也倒了,证明他们确实是逃跑,所以才追击他们。"

鲁庄公十分佩服,立即拜曹刿为大夫。

我斗鸡时也用这法子。

天下风云

宋国弃盟而逃，齐国杀鸡儆猴

在管仲的治理下，齐国一面发展经济，一面扩充军力。而这一切，都是为了一个目的——称霸天下。

在齐桓公即位的第五个年头，即公元前681年。齐桓公对管仲说："我们现在兵强马壮，是称霸的时候了吧？"

管仲想了一下，说："南方的楚国、西边的秦国和晋国都比我们强大，却一直未能当诸侯的首领，主公知道其中的原因吗？"

齐桓公说："不知。"

管仲说："这是因为他们对王室不够尊重。不懂得用周天子的名义统领诸侯。主公如果能够以'尊王攘（rǎng）夷（yí）'为口号召集诸侯，您的威望一定很高。"

看你识不识相！

管仲说的"尊王攘夷"就是：尊重周朝王室，承认周天子至高无上的地位，联合各诸侯国，共同抵御边疆民族部落对中原的侵袭。

齐桓王觉得管仲说得很有道理，周釐（xī）王［僖（xī）王姬胡齐］刚上台，正担心诸侯看不起他，见齐国派人来贺喜，一高兴，就把召集诸侯开会，承认宋国新国君的美差交给了齐桓公。

然而，到了约定的那一天，来齐国赴会的诸侯国却不多，只有宋、陈、蔡、邾（zhū）四国君主。齐桓公建议改天集会。

管仲说："第一次会集诸侯，不可失去信用，而且'三人为众'，现在已经来了四国，可以开会了。"

会议上，齐桓公对大家说："我奉天子之令，会合各位，是想跟大家共同商议如何辅助周王室。所以想让大家推举一人担任盟主，各位意下如何？"

照理说，论实力，齐国最强大，但论爵位，宋桓公是最大。可宋桓公的君位还要靠各国来确认，怎么合适呢？最后陈宣公说："既然周天子把召集诸侯的使命交给了齐侯，应该推选齐侯为盟主。"大家表示赞同，只有宋桓公愤愤不平，当天晚上，他就脚底抹油逃了。

齐桓公觉得很没面子，决定杀鸡给猴看，灭掉了鲁国的附属国——遂国。不久，包括鲁国在内的一些诸侯，纷纷归顺齐国。宋桓公也带着礼物到齐桓公那里认了错。

这样一来，大家几乎都接受了齐国称霸的事实。公元前651年，葵丘（今河南省兰考市民权县境内）之盟，周天子还派人送来祭肉。从那以后，齐桓公正式成为了中原的霸主。

百姓茶馆

齐国贾公子：我认为，齐国称霸，诠释了一个千百年不变的道理：枪杆子里面出政权。谁不服，就打谁，打到他服气为止。

钟老汉：光有武力也不够吧，还必须有谋略。齐国之所以能够成为霸主，主要是因为有管仲这样智谋卓越的人担任丞相啊。

谋士阿甲：没错，在这个战火纷飞的时代，怎样才能称霸？是有充足的兵力？数不尽的财富？名正言顺的贵族血统？齐王的称霸已经告诉了我们答案：得人才者，得天下。

鲍叔牙的好友乙：相对来说，我更佩服鲍叔牙，放着那么大的权力不要，而让给自己的好朋友，这需要多么无私的精神！换我我就做不到！

孔子：管仲这个人有三个缺点：器量小，不节俭，不知礼。这人确实是个人才，办事能力也很不错，要是没有管仲辅佐齐国统一天下，我们就要披头散发，穿蛮人服装，成为蛮人统治下的老百姓了。

是人聪明，还是马聪明

编辑老师：

你们好！

虽然我们齐国当了盟主，但边远地区的少数民族并不吃我们这一套。前不久（公元前663年），山戎攻打燕国，燕国的国君就派人来向齐国求救。齐侯（齐桓公）二话不说，立刻亲自带兵去援助他们。可我们到达的时候，山戎已经逃跑了。

于是，我们就和燕军联合起来，一起追击山戎。谁知路上中了敌人的计，被引到一个山谷里。这里平沙一片，像大海一样无边无际，大家走了一天一夜，就是走不出去。

这时，丞相管仲说："这里有可能是传说中的瀚海，人不认识路，但马也许认得。不如找几匹老马，让它们带头走，也许能走出去。"

于是，齐侯叫人挑了几匹老马在前面带路，没想到，这几匹马真的把我们带出去了！随后我们帮燕国灭了令支、孤竹两个国家，帮燕国讨回了500里土地。

大家死里逃生，都很佩服管仲。可是，我怎么也想不通，为什么人走不出去，马却能走出去呢？难道马比人聪明吗？

齐国某小兵

可爱的小兵：

你好！马是不可能比人聪明的。马之所以能认路，是因为它在走路的时候，不仅会用眼睛看，还会用鼻子闻。马的鼻腔很大，嗅觉神经特别发达。所以马在行走时，鼻子呼呼作响，就是在不断地排除鼻中的异物，使呼吸畅通，这样它就能准确地分辨气味，找到自己来时的路。

报社编辑

齐国攻打楚国，借口多多

公元前656年，齐国和鲁、宋、陈、卫、郑、许、曹等八国组成联军，攻向楚国。

楚成王大惊，忙派一名使者前去问话："齐在北，楚在南，井水不犯河水，为什么要来攻打我们？"

管仲站出来说："召公在位时曾经对我们的祖先齐太公说，凡是对周天子无礼的诸侯，齐国都可以征讨。你们楚国没有按时向王室进贡，周昭王去了楚国就没有回来，这难道不是你们的责任吗？"

这都是哪年哪月的事啊！楚成王气坏了，但还是忍住说："没有进贡，是寡人的过错。但昭王南征没有回来，淹死了，你问汉水（即汉江）去吧！"

联军不理，继续向前。楚成王毫不示弱，迎了上去。两军从春天一直相持到夏天，谁也没敢进攻。

眼看大家都在浪费时间，浪费粮食，楚成王就派屈完去讲和。屈完说："你们到底打不打？要是讲道理，我们也服气，要是不讲道理，我们也不怕你们，你们人再多也没用。"

管仲见楚国态度强硬，权衡了一下，就和楚国结了盟，退了兵。从此楚成王的名声传遍了天下。

打的就是你，没有理由。

一代霸主，烂在床榻上

公元前643年，齐桓公病死在寝宫之中，尸首在床榻上躺了整整67天后，才被人发现。一代霸主，怎么落得如此凄惨的下场呢？

原来桓公的贴身秘书、老百姓的好管家——管仲，在两年前就撒手归西了。

管仲临死前，桓公问他："这些大臣里面谁可以代替你的位置呢？"

管仲说："最了解大臣的，比不上君主了。"

桓公说："易牙如何？"

管仲回答："易牙杀掉孩子做成菜来取悦你，惨无人道，不可为相。"

桓公又问："竖刁行吗？"

管仲回答："自己给自己阉割，不近人情，亲近不得。"

桓公接着问："开方如何？"

管仲回答："开方抛弃父母来伺候君主，不合人情，也不能重用。"

而这三个人一个是厨师，一个是侍从，一个是卫国公子。他们终日陪在桓公身边，深受宠信。

管仲死后，桓公遵照他的意见，把这几个人遣散了，任用鲍叔牙为相。鲍叔牙沿袭管仲的政策，把齐国上下打理得井井有条。

可齐桓公离了那几个人的照顾，老觉得哪里不对头，饭也吃不香，觉也睡不好，就暗中召回了他们。

鲍叔牙知道这件事情后，去劝说齐桓公。桓公不听，鲍叔牙气得一病

不起,最后一命呜呼。鲍叔牙死后,朝政大权就落在了易牙、竖刁、开方这三人手中。

两年后,桓公病重,三位奸臣为了帮助几个公子争夺王位,就对外宣称桓公得了传染病,把他隔离在寝宫中,还筑了三尺高的围墙,防止别人进去,只留了一个狗洞传送饭菜。

桓公每天在寝宫中不见天日,这才哀叹道:"还是圣人有远见啊,我死了有何面目去见仲父啊!"说完后,他泪流满面,可这一切都已经晚了。

齐桓公一死,齐国就发生了内乱,他的五个儿子为了争夺王位,打得你死我活,谁也没空理老爸的尸首。直到有一天,有人看到桓公宫前爬满了蛆,这才把桓公葬了。

八卦驿站

五张公羊皮，换回五个贤士

公元前655年，晋国灭掉虞（yú）国，大夫百里奚（xī）不幸被俘。

晋献公听说百里奚才能卓越，想重用他。谁知百里奚一口拒绝了晋献公，晋献公恼羞成怒，把他当成了大女儿陪嫁的奴隶，送给了秦国。

送亲的队伍走到半路时，百里奚趁机逃跑，逃进了楚国的边界，后来被楚王派到南海养牛去了。

前往晋国迎亲的公子絷（zhí）回到了秦国。秦穆公查看陪嫁的清单时，发现少了百里奚，问："怎么没有这个人呢？"

公子絷回答："跑了。一个奴隶而已，跑了就跑了吧！"

这时，一个名叫公孙枝的人连忙说："大王，您可别小看这个百里奚，他是个非常有才能的人。当初，他是因为不愿意为晋国效力，才做了奴隶。如果您得到这样的贤士，治理国家一定如虎添翼！"

秦穆公一向礼贤下士，马上命人打探百里奚的下落，没多久，就查到他在南海牧牛。秦穆公决定用千金重礼把百里奚换回来。

公孙枝赶紧劝说道："大王，千万不可。楚王不知道他的才能，才把他派去牧牛。如果您提出用重金交换，这不是告诉楚王，百里奚非常能干

八卦驿站

吗？这样一来，楚王还会放他回来吗？"

秦穆公觉得有道理，于是派使者去楚国，按照一般奴隶的价格，用五张公羊皮交换百里奚，楚王痛快地把百里奚交给了秦国。

百里奚来到秦国后，秦穆公亲自前来迎接，当他看见百里奚不过是个年过半百的糟老头子时，不免有些失望，叹了口气说："唉，可惜老了呀！"

百里奚从容地回应说："您要是让我去打老虎，那我自然是老了；可如果叫我坐下来商讨国家大事，我一点儿也不老呢！"

秦穆公听了，肃然起敬，开始和他谈起国家大事。这下可不得了，两人越谈越投机，一连谈了三天，秦穆公还意犹未尽，越发觉得百里奚是个人才，想拜他为相。

百里奚却推辞了，说："我有一个好朋友叫蹇（jiǎn）叔，他比我更有才能。"接着，他还把蹇叔的两个儿子——西乞术和白乙丙推荐给了秦穆公。

秦穆公大喜，最后拜蹇叔为左相，百里奚为右相，西乞术和白乙丙为将军。后来，百里奚的儿子也来到秦国，也被封为将军。

秦穆公用五张公羊皮，就换回了五个贤士，真是一笔划算的"生意"啊！

名人有约

大嘴记者

特约嘉宾：姜小白

身份：齐桓公

大：大嘴记者　**姜**：姜小白

大：身为春秋时期的第一位霸主，请问您有压力吗？

姜：有压力吗？当然有，但是更多的是豪情啊，哈哈！

大：外界有人对您质疑，说如果各个诸侯各自为政，互不干涉的话，大家一样可以过得很幸福。而您为了称霸，故意挑起战争。战争是要流血的，受害的始终是百姓。您这样把霸权建立在鲜血上，值得吗？

姜：这样看就太过于肤浅了。如今，各个大小诸侯国多得数都数不清，大家和平相处是绝对不可能的。一个有责任心的诸侯，会懂得用战争来消灭战争。再说，就算我不称霸，一样会有其他人称霸，难道不是吗？

大：原来如此，看来大家都不了解您的一片苦心啊。有人说，您之所以能称霸，丞相管仲功不可没。所以说，得人才者得天下，您赞同这句话吗？

姜：绝对赞同！想当初，为了招募人才，我让人在宫廷门口点燃火把，对外宣告说，不管是白天还是黑夜，只要有贤士求见，我一定立即出来接见！

大：哇，用点火把的办法来吸引人才，想必效果一定很好吧。

姜：唉，实话跟你说，刚开始的时候，一点儿效果也没有。火把在官门前燃了整整一年，一个求见的人也没有，当时，愁得我呀……

大：呃，这是为什么呢？

姜：你继续听下去就知道了。后来，总算来了个乡下人。传报的人问他，你有什么本事呀？谁知，这个乡下人竟然说，他会背九九算术口诀！

大：九九算术口诀？不就是九九乘法表吗？我也会背：一一得一，一二得二……

姜：停停停，到底是你采访我，还是我采访你啊！刚才说到哪了？对了，那个乡下人说他会背九九算术口诀，当时我觉得好笑，就叫人告诉他，你这个本事太小了，还是回去吧。

大：我猜那个乡下人肯定没回去。

姜：废话，不然我跟你说这么多干什么。听了我的话后，他说之所以官门口燃了整整一年的火炬，却没有一个人来求见我，是因为大家见齐国是一个大国，怕自己的本事太小，不但入不了我的眼，还会被别人嘲笑。

大：没错呀。看来这个乡下人还真有两把"刷子"呢！

姜：他还说，如果我对他这个只会背九九算术口诀的人都以礼相待的话，那么，天下有真才实学的人，还会不来吗？泰山之所以那么高，是因为它不排斥每一块小石子；江海之所以那么深，是因为它不排斥每一滴小水珠……

大：想不到，您也是个话唠啊！

姜：哈哈。后来，我按照他说的办了，不出一个月，天下的贤才果然都来投奔我啦。

广 告 铺

以一园谢知己

　　这些年来，我的朋友鲍叔牙一直帮助我，照顾我。叔牙兄曾经说过，人生有两大快事：一个是吃盾鱼（因鲍叔牙爱吃，后改为"鲍鱼"）；另一个是饮玲珑（一种茶，也称鲍叔芽）。为报答他的知遇之恩，今特地为他建园一座，取名"玲珑"，供其一生享用这两大美味。

管仲

谋士的倡导书

　　听说，凡是给齐侯引荐贤士的官员，齐侯都将按照贤士本领的大小，给他赏赐；就算引荐得不好，也不会追究他的责任。

　　前不久，一个叫宁戚的卫国人投奔他，大家都说，最好先打探打探宁戚的底细再说。可齐王不管三七二十一，就对宁戚予以重任。

　　这样英明大度的君王，我们不投奔他，还投奔谁呢？

某谋士

葵丘盟约

　　近日，各诸侯国在葵丘达成共识，结成同盟。凡我同盟中人，既然结盟，就要同心同德，共同遵守以下盟约：

　　不准把水祸引向别国；邻国发生灾荒，要卖粮食给他们；不准更换太子；不准以妾代妻；不准让妇女参与国家大事！

齐桓公

第 ❸ 期

〖公元前642年—公元前628年〗

楚晋崛起

穿越必读 ▶

晋文公还是公子的时候，曾经受到同父异母兄弟的迫害，被迫离开晋国，在外面流亡了19年。后来，在楚国与秦国的帮助下，晋文公才回到晋国。他励精图治，任用贤能，终于成了继齐桓公以来的第二个霸主！

宋襄公想做霸主
——来自宋都商丘的加密快报

齐桓公一死,齐国就渐渐失去了霸主地位。那么,接下来选谁当霸主好呢?

自从公子昭(即齐孝公)登上王位后,宋襄公自认为立了大功,便想学齐桓公的样子,弄个霸主当当,但可惜的是只有几个小国听他的话。

于是,宋襄公便派人出使楚国和齐国,想先取得大国的支持。这时,他的哥哥公子目夷给他泼了盆冷水:"宋国只是个小国,却想当盟主,这样做是没有好处的。"

出乎意料的是,公元前639年,齐孝公和楚成王都如约前来(据来自楚国的消息,楚成王不过是想将计就计,趁这一时机夺取盟主之位)。

会上,宋襄公以盟主身份自居,还拟了一张通告,邀请各诸侯国这年秋天去宋国会合。楚成王事先不知情,对此很不满意,但还是签了字。

宋襄公会如愿以偿地当上霸主吗?本报记者将继续为您跟踪报道。

"仁义之师"被打败了

这年（公元前639年）秋天，宋襄公驾着车准备去开大会。公子目夷提醒他说："大王，这次开会，咱们得多带一些人马，万一打起来，才不会吃亏啊。"

宋襄公摇摇头，说："那不行，我们这次开会，是为了维护和平，怎么能带兵马呢？"

不出公子目夷所料，为了争当盟主，楚成王和宋襄公在大会上吵得唾沫星子满天飞。

宋襄公指着楚成王的鼻子大骂："你这个王是自封的，有什么资格做盟主？"

楚成王也大怒道："你说我这个王是假的，你把我请来做什么？"

结果，楚成王的大臣将外衣一脱，露出铠甲（本来大家约定会盟各国不许带兵，但楚国不讲信用，因此留下了不仁不义的恶名），一拥而上，把宋襄公抓了起来。直到几个月后，鲁国和齐国一起出面求情，楚成王才把宋襄公放了。

回国之后，宋襄公心里非常憋屈，当他听说最积极支持楚国当盟主的是郑国时，第二年便出兵攻郑。郑国忙向楚国求援。楚成

王二话不说，立刻派人杀向宋国。

见后院失火了，宋襄公慌忙带着兵马往回赶。两军在泓（hóng）水相遇。

这时，公孙固对宋襄公说："咱们兵力少，不能硬拼，干脆向楚国求和吧。"

宋襄公却说："我们是仁义之师，楚国是不义之师，不义怎能胜过仁义呢？"说着还特意做了一面大旗，上面绣有"仁义"二字。

第二天，楚军要过河了，公孙固对宋襄公说："趁楚军过河过到一半的时候，我们杀过去，一定能取胜。"

宋襄公摇摇头，说："不行，我们是仁义之师，不能乘人之危。"

于是，楚军顺利地渡过泓水，开始在岸边布阵。

公孙固急了，说："趁现在楚军乱哄哄的，我们赶紧冲过去吧。"

宋襄公却将他骂了一顿，说："你怎么净出些馊主意，我说了，我们是仁义之师……"

宋襄公还想讲一番大道理，那边的楚军已经布好阵势，像潮水一般涌了过来。宋襄公慌忙整好队伍，迎了上去。

两军刚交锋没多久，只听"唉哟"一声，不知从哪飞来一支箭，射中了宋襄公的大腿。结果毫无疑问，宋国大败。宋襄公好不容易捡了条小命，一瘸一拐地逃走了。那面仁义的大旗也不知丢到什么地方去了。

从此以后，宋襄公就一蹶不振，第二年就死了。

百姓茶馆

谋士刘涛涛

唉,这个宋襄公真是蠢,竟以为靠着所谓的"仁义",就能打败楚国的虎狼之师。我真想把他的脑子掰开看看,看里面到底装了些什么!

听说,宋襄公逃回去后,不但不认错,还说:"讲仁义的人就应该这样打仗。对手如果受了伤,就别再去伤害他;对手要是头发花白的老人,就不能捉他当俘虏。"

某琴师

某画师

据说公子目夷听到这些话后,气得差点儿吐血,说:"打仗就为了杀敌。如果怕伤害敌人,那还不如不打;如果不抓头发花白的老人,那就只能让人家抓走!"宋襄公这样妇人之仁,却想称霸中原,真是可笑可悲!

石匠小于

我还听说,宋襄公临死前对儿子说:"楚国是我们的大仇人,你一定要给我报仇!我看晋国的公子重(chóng)耳不错,今后一定能有所作为。你遇难的时候就去找他吧,准没错!"
只是不知道这个重耳,到底是个什么样的人呢?

逃亡十九年，公子被迫当乞丐

公元前636年，在外流亡了十九年的晋国公子重耳终于回到了祖国。这位贵公子怎么会在外流亡这么多年呢？

原来，重耳的父亲晋献公在年老的时候，宠爱妃子骊（lí）姬，一心想立骊姬生的小儿子奚齐为太子，就把太子申生害死了。晋献公的另外两个儿子——重耳和夷吾（即晋惠公）察觉到危险，马上逃跑了。

没多久，晋献公死了，夷吾趁乱回到晋国，夺取了王位。他担心重耳对他造成威胁，就想除掉重耳。

为了躲避追杀，重耳在翟（dí）国住了12年。由于他很会用人，待人也谦和，因此一大批有才能的人，如狐偃（yǎn）、狐毛、赵衰（cuī）、介子推等，都跟随着他。

这天，狐毛和狐偃收到父亲的信，信中说："有人将于三天内刺杀公子。"大家一商量，就准备逃到齐国去。要去齐国必须经过卫国，可是卫王嫌重耳是个倒霉蛋，不让他进城。

众人无奈，只好绕道而行。来到齐国后，齐桓公对他很重视，不仅款待了他，还把一个叫齐姜的贵族美女嫁给了他，重耳在齐国一住就是7年。

齐桓公死后，重耳又来到了宋国。宋襄公对他也十分重视，但不久，宋楚交战失败，宋襄公重病缠身，自己的命都快保不住了，自然也无力帮助重耳。

于是重耳一行人离开宋国，前往楚国。楚成王把重耳当成贵宾，盛情

天下风云

款待。两个人很快就成了好朋友。

一次，楚成王又宴请重耳。喝到兴起时，楚成王突然问重耳："公子要是回到了晋国，准备怎么报答我呢？"

重耳笑着说："哎呀，这可是个难题！楚国这么富裕，应有尽有，您说叫我拿什么来回报您好呢？"

楚成王笑着说："难道就不用报答了吗？"

重耳说："如果我能安全地回到晋国，我愿意同贵国和睦相处。万一两国交战、两军对阵时，我一定命令晋军退避三舍（一舍就是三十里，退避三舍就是后退九十里），来报答您的恩情。"

没多久，秦穆公便派使者来接重耳。在秦国，秦穆公热情接待了他，还把公主嫁给他，结为"秦晋之好"。

就这样，重耳历经重重艰险，在秦军的护送下，回到晋国即位（史称晋文公），而这时，他已经是62岁的老人了。

好心办坏事,心里真愧疚

编辑老师:

你们好!我叫解(xiè)张,只是个不值一提的小人物。不过,我的邻居介子推就不同了,他曾经跟随重耳流亡19年,也算是尽了犬马之劳。

在逃亡时,有一次,他们的粮食被人偷了,晋文公一连饿了好几天,眼看不行了,介子推忍痛割下自己大腿上的肉,熬成肉汤给他喝,才救了他的命。

重耳成就霸业后,介子推一点儿也不贪图荣华富贵,和母亲悄悄搬到山林间去了。我以为重耳忘恩负义,为介子推打抱不平,就写了一封信,贴在城门上。

重耳看到信后十分羞愧,带着一群人来山里找介子推。可是,介子推却故意避开。重耳怎么也找不到人,这时,有人给他出了个馊主意——放火烧山。他们以为,这样就能把介子推逼出来。可是,介先生也是个死脑筋,宁愿活活被烧死在山上,也不愿意见重耳。

唉,我老觉得是自己插手这事,才逼死了介子推先生。现在每天晚上,我都睡不着觉,心里愧疚得要死。求编辑开导开导我。

解张

解张:

你好!

其实这件事也不能怪你,谁能料到这种结果呢?你是一片好心,却办了一件坏事。

听说晋文公已经下令,每年介子推的祭日,人们都不准生火做饭,要吃寒食(相传,这就是寒食节的来历),也算是对介子推的一种怀念吧。我们愿他安息吧。

报社编辑

城濮之战，晋国退避三舍

晋文公上台后，对晋国进行了大刀阔斧的改革，渐渐地，晋国一天天强大了。当然，晋文公最大的梦想是像齐桓公那样，做中原的霸主。

公元前633年，楚国领着陈国、蔡国、郑国和许国的兵马攻打宋国。宋国派人到晋国求救。

晋文公有些忧虑。狐偃劝道："这些年，楚国仗着自己强大，老是欺负其他国家。如果大王帮助这些国家，就能做中原的霸主啦！就算打不赢，对晋国也没有什么损失！"

晋文公也认为，想要称霸，就必须先把楚国打倒了。于是，他扩充了一下队伍，向楚国的两个附属国——曹国和卫国发动进攻，把他们的国君给抓了。

楚成王不想跟晋文公闹矛盾，就叫主将成得臣退兵。

成得臣却回答："拿下宋国只不过是早晚的事了，现在撤兵太可惜了，请主公准我再打几天。"

接着又派人通知晋文公："快快把卫国和曹国的国君放了！"

晋文公不但不放人，还对两个国君说："你们只要跟楚国断绝关系，我就放你们回去继续当大王。"

两位国君听了，果然乖乖地跟楚国断绝了关系。

成得臣气得哇哇叫："我好心来救你们，你们却这样对我！哼，这一定是重耳那个混蛋干的好事！"于是领着楚军就来攻打晋军。

晋文公见楚军来了,不但不迎敌,还下令让晋军后退90里,一直退到城濮(pú)。晋文公的手下对此很不理解。

晋文公说:"当年我落难楚国的时候,楚王对我不薄,我也曾许诺,如果与楚国交战,一定先退避三舍,以报答他的恩情。"

再说楚军,见晋军撤退了,还以为晋军怕了自己呢,于是屁颠屁颠地追了上去。

晋文公派人跟成得臣说:"如果你们一定要打,那我就不客气啦。"

楚军傲慢轻敌,晋军却早有准备,两军一交战,楚军就被杀得七零八落。成得臣领着残兵败将往回跑,跑到半路上,觉得没脸见楚成王,就自杀了。

而晋军得胜后,5万将士光吃楚军留下的粮草,就足足吃了三天。

周襄王知道后,亲自到践土(今河南省原阳西南)慰问晋军。趁这个机会,晋文公召开了一场诸侯大会,订立盟约,当上了霸主。

智退秦师

在下郑国使者烛之武!

晋文公打败楚国后,原本依附于楚国的郑国就跟晋国结了盟。可是,郑国又怕楚国找它算账,于是跟楚国也悄悄地订了盟约。

晋文公很生气,于是于公元前630年,联合秦国来攻打郑国,晋军驻扎在西边,秦军驻扎在东边,声势浩大。

郑国慌了,赶紧派了个叫烛之武的人,私下里去跟秦国讲和。

烛之武对秦穆公说:"秦晋两国一起攻打郑国,郑国一定会亡国。可郑国和晋国相隔这么近,郑国一亡,土地自然归了晋国,晋国的势力就更大了。那对秦国有什么好处呢?"

秦穆公被说服了,不但撤了兵,还派了3位将军,率领2000名士兵帮助郑国守北门。

晋国人很生气,想要把那些秦兵消灭掉。晋文公就又拉拢郑国,签订盟约,然后也撤兵了。

留在郑国的3位秦国将军听到郑国又投靠了晋国,气得连夜向秦穆公报告,劝他派兵讨伐郑国。

可秦穆公也不愿同晋文公撕破脸皮,只好忍了:"哼,等着吧!"

两年后,晋文公病死了,他的儿子继位。3位将军又趁这个机会,再

次劝说秦穆公攻打郑国。秦穆公喜不自禁，立刻出兵。

当秦国大军来到滑国时，突然，有个人拦住他们的去路，说："我是郑国派来的使者，要见你们的主将。"

秦国大将孟明视大吃一惊，问："你来干什么？"

"使者"回答说："我叫弦高。我们大王听说将军要来郑国，就准备了一份薄礼。"说完，他就献上4张熟牛皮和12头肥牛。

孟明视又惊又怒，他们原本是想偷袭郑国，但是现在，郑国的"使者"巴结地跑来送礼，这不明摆着，他们早已经知道秦国出兵的消息，早早就做好了准备吗？这还怎么偷袭啊？于是就打道回府了。

可是，郑国真的是早就知道秦国出兵的消息吗？

当然不是。其实，弦高压根儿就不是什么使者，他只是个牛贩子。那天，他赶了牛去贩卖，路上正好碰到了秦军。他想暗中报告郑国，可已经来不及了，只好急中生智，"冒充"了回使者，把孟明视给"骗"了回去。随后，3位将军也被赶出了郑国。

名人有约

大嘴记者

特约嘉宾：
重耳

身份：晋文公

大：大嘴记者　**重**：重耳

大：大王，您好！咦，您这眼睛可真奇怪……哇，原来您竟然是重瞳啊！

重：没错。我刚出生的时候，大家看到我的眼睛，都觉得新奇呢。我听说，舜帝也是重瞳，我很荣幸跟他一样。

大：哈哈，您现在已经是中原的霸主，一定也能像舜帝一样流芳千古的。今天，您能跟我们谈谈您在流亡中的一些细节吗？

重：唉，一言难尽啊。我记得有一次，我们去齐国时，饿得都走不动了，我实在忍不住，就去向几个农夫讨点儿饭吃。

大：真可怜，一个国家的公子，竟然沦落到讨饭的地步。

重：能讨到饭也不错啦，可恨的是，那几个庄稼人小气得要命，不但不给，还抓起一块泥巴，说要吃就吃这个。

大：哇呀呀，这不是侮辱人吗！

重：是啊，当时我也气得要命，真想叫人暴揍他们一顿。这时，幸好我舅舅狐偃拉住了我，还安慰我说，公子你看，泥巴不就是土地吗？老百姓将土地送给我们，这是我们要得到国家的好兆头啊。

大：哈哈，您舅舅还真会安慰人啊！

名人有约

重：一路上多亏了这个舅舅啊，要不是他，我也做不了今天的霸主啦。

大：这话怎么说？

重：你知道一个人在外面流亡十几年的感觉吗？那种日子，杀了我我也不想再来过。我到了齐国后，又娶了老婆，日子过得挺好的，就想留下来算了，安逸一天算一天。

大：可以理解，一般人都想过好日子。

重：可是我不是一般人啊，所以我不能光图自己过好日子，还有那么多老百姓等着我呢。

大：那倒也是，听说夷吾在晋国很不得人心，已经众叛亲离了，老百姓都巴不得他下台。不过，腿长在您身上，您不想走，他们也没办法吧？

重：你可别小看我舅舅这帮人。他见我不走，就和我那才貌双全的老婆联合起来，把我灌醉了，趁我睡得昏昏沉沉的时候，用马车把我拖出了齐国。我一觉醒来，发现自己已经离齐国很远了，气得我又跳又骂。

大（捂嘴笑）：公子原来也这么没风度啊！

重：被逼急了嘛！不过最后也没办法，总不能没脸没皮地再跑回去吧，只好继续往前走。

大：哈哈，这一段真是太有趣了。还有别的吗？哈哈！

重：记者，我在说自己的伤心事，你干吗笑得这么开心？哼，不说了！

大：呃，那个……

广 告 铺

采诗官的公告

我是周朝的一名采诗官,专门在田间乡野搜集各种民歌。我就像一只辛勤的蜜蜂,采集像花粉一样美丽、甜蜜的诗歌。我热爱自己的职业,百姓们也都很欢迎我。

谁有最新的诗歌,一定要跟我联系哦!我会认真地把它记录下来,稍稍进行修改,收录进《国风》里。而且,我还会给你们一些奖励呢。

采诗官

《伯乐相马经》相马者的指导

你想知道怎么判别一匹马的好坏吗?你想知道怎么寻找千里马吗?当代著名相马家伯乐呕心沥血编写的佳作——《伯乐相马经》新鲜出炉!书中配有精美的插图,以及详细的注解。想学相马的朋友,千万不要错过哦!

青草书肆

求"五贤"的联系方式

听说,晋王(晋文公)身边有一个优秀的智囊团,其中,有5个人最杰出,分别是:狐偃、赵衰、先轸(zhěn)、贾佗、魏犨(chōu),人称"五贤"。我很想去采访这5个人,不知道谁能告诉我他们的联系方式。

某报记者

智者为王

智者第 ❶ 关

1. 黄泉相会说的是谁和母亲的故事?
2. 东周前半期为什么被称为"春秋"?
3. 周平王将都城从镐京搬到了哪里?
4. 管仲最好的朋友是谁?
5. 管仲是哪个国家的丞相?
6. 长勺之战的对战国分别是哪两个国家?
7. "一鼓作气"的战术是谁提出来的?
8. 布币是什么形状的?
9. "老马识途"是谁先提出来的?
10. 秦穆公用五张羊皮,从楚国换回的贤士是谁?
11. 春秋时期,因为讲究"仁义"而被楚国打败的君王是哪一位?
12. 春秋时期的第二个霸主是谁?
13. 葵丘会盟后,哪个国家成为了中原的霸主?
14. "退避三舍"这个成语出自于哪场战役?
15. 宁可被烧死,也不下山向晋文公领赏的人是谁?

智者无敌　王者为大

第 4 期

【公元前 613 年—公元前 591 年】

楚庄王
一鸣惊人

楚庄王是一位传奇的君王。他即位的前三年，完全不理朝政，是一个彻头彻尾的"昏君"。然而三年后，他振作起来，使楚国迅速变得强大，最终成为春秋时期的又一个霸主，真可谓是不鸣则已，一鸣惊人！

穿越必读

CHUANYUE BIDU

楚成王被太子逼死
——来自郢都的加密快报

就在秦晋两国闹僵的同时，楚国发生了一件大事，楚成王被太子商臣（即楚穆王）逼死了！楚成王年纪一大把了，眼看也活不了多久了，太子为何这么迫不及待呢？

来自郢都的加密快报！

原来，在立太子之前，楚成王就一直拿不定主意。因为，根据周朝的世袭制，楚国的继承人应该是长子商臣。可楚国自己有个习俗，就是"幼子守家"，也就是王位一般由小儿子继承。

楚成王很喜欢小儿子，可身边的人受了商臣的贿赂，不停地讲商臣的好话。楚成王便不顾令尹（相当于宰相）斗勃的反对，将商臣立为太子。

但商臣是个心胸狭窄的人，没多久，他就找机会除掉了斗勃。楚成王发现了商臣的野心，就想废掉他。

可惜的是，这时商臣的翅膀已经硬了，他先下手为强，带兵闯进了王宫。可怜的楚成王，连最后吃一口熊掌的愿望都没能得到满足。

消息传来，人们不胜唏嘘（xī xū）。因为多年前，楚成王不也是这样带兵，逼死了他哥哥楚王堵敖（áo）吗？也许，这就是报应吧。

不鸣则已，一鸣惊人

我要睡三年。

公元前613年，这是一个不祥的年份。先是前一年闹了个大灾荒，到了春天，楚穆王又去世了，蛮夷们纷纷叛离，甚至天上还出现了扫把星。在这种紧张的气氛下，太子熊侣（即楚庄王）即了位。

令人吃惊的是，面对这么糟糕的情况，这个新上任的大王却成天不是出宫游玩，就是躲在深宫喝酒享乐，连续三年不理政务，还在宫门口挂起一块大牌子，上边写着："进谏者，杀无赦！"

大臣们一个个心急如焚。终于有一天，一位叫伍举的大夫坐不住了。他怒气冲冲地闯进宫中，求见楚庄王。楚庄王正喝酒喝得高兴，见了他哈哈大笑："大人来了是想陪我喝酒呢，还是陪我听音乐？"

伍举说："大王，有个谜语我怎么猜也猜不出来，我知道大王聪明，所以想请您来替我解答！"

楚庄王一听，来了兴致："什

么谜语？"

伍举说："楚国的都城里，有一只大鸟，它在朝堂中停了三年，不叫也不飞，您说，这到底是只什么鸟？"

楚庄王是个聪明人，他一听谜语，便明白伍举说的是自己，便笑着说："这可不是一只普通的鸟。这鸟不飞则已，一飞肯定冲天；不鸣则已，一鸣必定惊人。你就等着看吧！"伍举心满意足地离开了。

哪知接下来的几个月里，楚庄王还是一点儿没变。

这时候，一个叫苏从的大夫也忍不住了。这天他一跨进宫门，便号啕大哭。

楚庄王觉得莫名其妙，问："苏从，你怎么啦？"

苏从抹着眼泪回答说："我就要死了，能不伤心吗？楚国就要灭亡了，我能不伤心吗？"

楚庄王听了这话，非常吃惊，忙问："你怎么会死呢？楚国又怎么会灭亡呢？"

苏从说："我想劝告您，您听不进，肯定要杀死我。您不听劝谏，整天饮酒作乐，不理朝政，楚国灭亡不是迟早的事情吗？我死了，会得到忠臣的美名；可您这样下去，楚国必将灭亡，而您就成了亡国之君啊！"

楚庄王听了，突然站起来，说："你和伍举，都是忠臣啊，我决定从今天起，重振朝纲！"

从那以后，楚庄王果然解散了乐队、猎队，打发了歌女、舞女，诛杀了一批奸臣，提拔了伍举、苏从两位忠臣，决心干一番轰轰烈烈的大事业。

楚庄王问鼎中原

楚庄王果然是不鸣则已，一鸣惊人。他振作后的第一件事情，就是带兵攻打那些背叛楚国的国家，而且每次出兵，都是大胜而归。

公元前606年，楚庄王又打败了陆浑的戎族，一路打到了洛水边上。

楚庄王得意扬扬，为了显示楚军的威风，竟然在周王室的都城——洛邑的郊外举行了一场大阅兵。

这可把周定王吓坏了，赶紧派大臣王孙满去看个究竟。

楚庄王见了王孙满，嚣张地问："听说周王室有九个大鼎，不知道这九个鼎有多重啊？"要知道，这九个鼎可是象征周朝权威的礼器，楚庄王问鼎有多重，言外之意，不就是想取代周定王，自己来当天子吗？

王孙满听出了话里的意思，回答说："鼎有多重并不重要，九鼎之义，在于天子是否有德。"

楚庄王傲慢地说："你不要以为有九鼎就了不起，我们楚国有的是铜，只要折断刀剑上的刃尖就可以铸成九鼎！"

王孙满说："大王，您别忘了，当初是因为夏禹有德，天下人都拥戴他，才贡献出铜材，铸成九鼎。后来夏桀（jié）昏乱，鼎就被迁到商朝；商纣暴虐，鼎又迁到了周朝。如果天子有德，鼎即使很小，也很难移动；如果天子无德，鼎再大、再重也会被移走。"从此以后，人们就将企图夺取政权称为"问鼎"。

庄王无话可说，便撤兵走了。

给一名"罪将"的回信

编辑老师：

　　你们好！我是楚国的一名将军，有一件事情困扰我很久了，我决定借这个机会，向你们倾诉一番。

　　几个月前，大王平定了一场叛乱。为了庆祝胜利，大王在宫里摆下宴席，请将领和大臣去喝酒，我也在其中。

　　那天晚上，大王兴致很高，酒过三巡之后，还让自己最宠爱的许姬来敬酒。突然，一阵寒风吹来，将蜡烛吹灭了。当时，我喝得头脑发昏，就趁黑拉了拉许姬的袖子。许姬手脚灵敏，马上把我的帽缨揪了下来，跑回大王身边。

　　这时候我才慌了，要是许姬把这件事告诉大王，只要发现我的帽子上没有帽缨，就知道这件事是我干的。到时候，我一定会落得个砍头的下场！

　　谁知没过一会儿，大王竟然宣布，为了喝得更痛快一点，叫所有人都把帽子摘下来，这才重新点上蜡烛。

　　我知道，大王这是故意放我一马呢！我对他感激不尽，同时，也为自己的行为感到羞愧。

楚国某将军

楚国某将军：

　　您好！

　　我们认为，一味愧疚是没有用的。您身为一位将领，应该在战场上奋勇杀敌，来报答大王的不杀之恩。您说呢？

报社编辑

饮马黄河，称霸中原

公元前598年，楚庄王率领大队人马，攻打晋国的附属国郑国。作为老大的晋国当然不能袖手旁观，立刻发兵前来营救。双方在郑国的邲（bì）地（今河南省郑州市东）展开决战。

战争的结果是晋国被打得溃不成军。将士们乱作一团，纷纷逃到黄河边上，打算渡河逃跑。可是船少人多，不一会儿，船上挤满了人，大家你推我，我挤你，不少人掉进了水里。就这样，好多船都被挤翻了。

还有些人，因为来得晚，挤不上去，只好紧紧抓住船舷。船上的士兵又急又怕，竟然抽出锋利的刀，狠狠地朝船舷上士兵的手指头砍去，情况惨不忍睹。

有人劝楚庄王乘胜追击，楚庄王却说："自从城濮之战，我们就一直抬不起头来。这场战争，足够洗刷我们之前的耻辱了，又何必杀这么多人呢？"

于是，楚庄王没有继续追杀晋国残兵，而是让士兵在黄河边饮马。

邲地之战，楚国打破了晋军战无不胜的神话，也让诸侯们谈楚色变。公元前594年，楚国、鲁国、蔡国、许国等14个国家的诸侯于蜀会盟，在大家一致拥护下，楚庄王成为新一代霸主！

八卦驿站

一代贤后樊姬

有句话说得好,每一个成功的男人后面都有一个好夫人。楚庄王就有这样一位好夫人。她就是楚庄王的王后——樊(fán)姬。

楚庄王刚即位那会儿,总是沉迷于打猎,每天早出晚归,"忙"得不亦乐乎。樊姬私下劝了他好几回,庄王也是满口答应,可是第二天一大早,又没影了!

最后樊姬想了一个绝招,从此以后,只吃素食不吃肉,而且坚持了很长一段时间。楚庄王被她感动,终于戒掉了打猎的癖(pǐ)好。

可是,楚庄王的坏毛病还真不少,除了打猎,他还沉迷酒色。樊姬又劝了好久,楚庄王怎么都不听。后来,樊姬就故意不梳妆打扮,每天蓬头垢面地在楚庄王面前晃过来,晃过去。

楚庄王问:"你怎么不梳妆呢?"

樊姬说:"您整天饮酒作乐,楚国一天天衰落,我哪还有心思打扮呀?"楚庄王这才保证,从今以后一定改正。

只可惜,江山易改,本性难移。没多久,楚庄王又开始沉迷于酒色了。

八卦驿站

樊姬就让人造了一个高台,每天晚上跑到高台上,对着月亮和星星梳妆!

楚庄王觉得奇怪极了,问她这是干什么,她说:"您忘掉了对我的承诺,还是整天沉迷于歌舞玩乐,既然您不重视我,那我只好把自己的美丽展现给月亮、星星看啦!"

嘿,还别说,经过樊姬这么一折腾,楚庄王总算彻底把这些坏毛病改掉了。

还有一次,楚庄王得到了一把叫"绕梁"的古琴。楚庄王对这把琴喜爱得不得了,乐滋滋地抱着它,一连七天都没有上朝。

樊姬知道后,就跑过去对他说:"大王,当初桀(夏朝的君王)要不是痴迷妹喜的瑟(sè,古代的一种乐器),怎么会亡国呢?"

楚庄王听了,幡然醒悟。他怕自己抵挡不住古琴的诱惑,竟然咬了咬牙,叫人用铁如意把"绕梁"砸了个稀巴烂。

在贤后的劝谏下,楚庄王从此发愤图强,把更多的精力和时间用在了国家大事上。

百姓茶馆

小商贩

我听说，楚宫里的好多美人，都是樊姬亲自给大王挑选的。我就奇怪了，难道樊姬不怕那些美人把大王抢走，使大王整天沉迷于女色吗？

卖花女小斑

才不用担心呢，樊姬自己已经是个大美人啦。而且你不知道，樊姬挑选的那些美人，不管是品行，还是容貌，都是一等一的。像那些只知道用美色来诱惑大王，祸国殃民的美人，樊姬才不会让她进宫呢。

刘大婶

是呀，这些美人和樊姬一样，一个个贤良淑德，对国家只有好处，没有坏处。不过话说回来，一个女人能够不计较自己个人的得失，以国家社稷（jì）为重，真的是太难得了。

王氏

也正是因为她自己能做到这样，所以她的话，楚庄王才听得进，国家才出现更多的贤德之人辅佐大王。要不然，我们那贤能的令尹大人孙叔敖怎么会受到重用呢？

楚庄王葬马

这几天，楚庄王吃也吃不好，睡也睡不着，整天唉声叹气。记者一打听，原来是他最心爱的马死了。

楚庄王可是个出了名的爱马之人，他把马养在宫中，给它穿刺绣的衣服，住金碧辉煌的房子，吃有钱人才吃得起的食物，比某些大臣的生活都要好很多呢。后来，这匹马太过养尊处优，竟然得肥胖症死掉了。楚庄王是多么的伤心啊，甚至宣布，要用大夫的礼节来安葬这匹马。

大臣都认为，楚庄王这样做太荒唐了。可是楚庄王一意孤行，还下令说，谁再敢议论这件事，就立刻砍掉他的脑袋！

一个叫优孟的大臣听说后，跑进王宫，对着楚庄王号啕大哭。

楚庄王觉得奇怪，问他："嘿，优孟，你怎么啦？"

优孟抹着眼泪回答："哎呀，大王最心爱的马死了，我能不伤心吗？这匹马是多么的尊贵啊，生前受到这么好的

待遇，死后的葬礼，就更不能敷衍了事啊！"

楚庄王听他这么一说，立刻喜笑颜开，连连点头说："这是当然的，我准备用大夫的礼节来安葬它呢！"

优孟听了，却一拍大腿，说："这怎么成呢？用大夫的礼节来安葬，未免太寒碜（chen）了，我看呀，得用君主的礼节来安葬它。下葬那天，叫全城的士兵来送葬，全城的老百姓来哭丧，还一定要哭得动情，不动情就抓起来砍了。咱们还得给马建一座祠庙，让楚国人民世世代代瞻仰它，纪念它。这样，所有人都会知道，大王对马可比对人好多了……"

听到这里，楚庄王才回过神来，原来，优孟是在讽刺自己呢！他觉得挺羞愧，问："依你说，该怎么办呢？"

优孟俏皮地说："我看，应该以炉灶为椁（套在棺材外面的大棺材），铜锅做棺，再放一些花椒、桂皮、生姜，把火烧得旺旺的，把肉煮得香香的，让它葬在士兵们的肚子里。"

"好，就这么办！"楚庄王忍不住哈哈大笑，吩咐厨子赶紧把马烹饪了，给士兵们享用。

名人有约

身份：楚国令尹（楚国最高官职）

大：大嘴记者　孙：孙叔敖

大：孙大人，您好！我看您的个人资料上说，您小时候曾经杀过一条两头蛇？这是怎么回事，能说给我们听听吗？

孙：是这样的，我家乡有个传说，说是看见两头蛇的人，都会遭受厄运而死掉。有天下午，我走在山路上，刚好就看见了一条两头蛇，当时，我害怕极了，本想转身就跑，但是……

大：但是怎么样？

孙：你别打断我嘛！但是我又想，我反正已经看到了两头蛇，命肯定保不住了，要是这样走掉，让别人又看见这条蛇，他不也得送命吗？倒不如我把这条蛇给杀掉，就算在临死之前，做了一件为民除害的事情。

大：于是您就把蛇杀了？

孙：废话，我把它的两个头都砍了下来，然后哭着跑回家，告诉我妈，说我要死了。结果我妈说那个传说是假的！害我白白伤心了一路啊！

大：呵呵，不过这也说明，您是个替别人着想的人呀。

孙：可不是？身为令尹，不就是要为人民服务嘛！

大：大家都说，大王能成为中原的霸主，您功不可没，能谈谈您的感想吗？

孙：这个嘛……我觉得自己最应该感谢的人，就是王后樊姬。

大：哦，为什么这么说呢？

孙：在我之前，楚国的令尹一直是虞邱子，要不是樊姬劝大王把他赶下台，令尹的位置哪轮得上我呢？如果没有做楚国的令尹，我又怎么能辅佐大王成就霸业呢？

大：原来如此，那樊姬为什么要赶虞邱子下台呢？

孙：樊姬是个明辨是非的人，她见虞邱子当了十几年的令尹，除了亲戚，从来没有提拔过外人，也没有罢免过不贤的人。所以她认为，虞邱子耽误了大王任用贤能，算不上忠臣，就把虞邱子弄下了台，好让更优秀的人来担任令尹……不过这样说起来，我好像有自夸的嫌疑啊，哈哈！

大：有真才实学的人，又何必谦虚呢，对吧？对了，有读者来信提问，说想知道大王"三年不鸣，一鸣惊人"到底是怎么回事？

孙：我认为，当年大王之所以沉沦三年，主要是因为他太年轻，背后没有支持他的大臣。所以，他就假装昏庸，目的有两个：第一，消除权臣对他的戒备之心；第二，暗地里观察哪些是忠臣，哪些是奸臣。

大：原来是这样啊，非常感谢您的回答。嗯，这期采访就到这里了，孙大人再见。

广 告 铺

招工匠改造马车

　　这些天不知是怎么回事，都城里街头巷尾的门槛都高了好多，我家那辆小破马车竟然过不去了。所以我想找一个工匠师傅，帮我把马车改大、改高一点儿，工钱面议（其实是楚庄王嫌楚国的马车太小，想用这种办法让人们把马车改大一点儿）。

某小吏

感谢孙叔敖大人

　　前一段时间，大王嫌楚国的马车太小，想办法让我们把马车改大了。现在，他又嫌楚国的货币太小，又把货币改大了，这给百姓带来了很大的麻烦。幸好孙叔敖大人劝他为百姓着想，恢复通行小货币，我们真是太感谢孙叔敖大人了。

楚国百姓

怀念孙叔敖大人

　　前几天，孙叔敖大人不幸去世了。他活着的时候，为百姓做了数不清的好事，大王（楚庄王）多次封赏他，他都不肯接受。他做了那么多年的官，家里一点儿积蓄都没有，临死前，家里连棺材都置办不起。这样的好官，我们百姓会永远记住他、怀念他。

楚国百姓

第 5 期

【公元前 591 年—公元前 496 年】

伍子胥报仇雪恨

伍子胥原本是楚国的大臣，他的父亲和兄弟都被楚平王杀死，伍子胥（xū）便怀着满腔仇恨，逃到了吴国。他帮助阖闾登上吴国的王位，并向楚国复仇，同时也辅佐吴王阖闾成就了一番霸业。

穿越必读

烽火快报

楚国太子命丧郑国
——来自郑国的加密快报

来自郑国的加密快报！

公元前 522 年的秋天，楚国的太子建被郑定公杀死了。之后，郑定公还向楚平王发去"贺电"。这究竟是怎么一回事呢？

原来，就在这年春天，楚平王听信了小人费无忌的谗言，怀疑太子建要造反，就把太子建的老师伍奢（伍举之子）用商量政事的名义，招了回来。

伍奢劝平王不要亲小臣，而疏骨肉。平王不听，把他关进了大牢。

为了铲草除根，楚平王逼伍奢写了一封信，让他把自己的两个儿子伍尚和伍员（子胥）叫回来。伍尚一回去，就和父亲一起被杀。

伍子胥得知此消息后，万分悲痛，发誓："此仇不报，誓不为人！"他连夜跑到宋国，找到了太子建与公子胜，然后一起去了郑国。

太子建请求郑定公为他们主持公道。郑定公不敢招惹楚国，没有答应。太子建报仇心切，竟然私通晋国，想夺郑定公的权，结果被郑定公发现，自己反倒送了命。

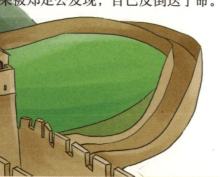

伍子胥逃亡，一夜白头

一夜让我白了头。

太子建死后，伍子胥带着公子胜，慌忙逃向日益强盛的吴国（吴国的都城在今江苏省苏州市）。

没多久，他们来到了吴楚的边界昭关，过了这里，便是一条直通吴国的大河了。然而，这里到处贴满了对伍子胥与公子胜的追杀令，官兵对过往路人盘查得极为严格。

伍子胥二人急得团团转。这时，一个叫做东皋(gāo)公的好心人出现了。他认出了伍子胥，把他们带到自己的住所。

七天后，东皋公对过关的事只字不提，伍子胥实在坐不住了，急忙问："我有大仇要报，这几天耽搁在这里，度日如年，先生有什么办法呢？"

东皋公说："我已经有了个好办法。我有个朋友，跟你长得很像，如果让他来冒充你出关，守关的人一定会盘问他。到时候，你可以趁机逃跑！现在只要等他来了就好。"

伍子胥听了，半信半疑，到了晚上辗转难眠。现在走吧，担心过不了关，反而被抓；不走吧，不知还要等多久。就这样，整整一个晚上，他翻来覆去，一直到天亮都没睡着。

一大早，东皋公看见他，大吃一惊："你怎么一夜之间就白了头？"

伍子胥自己也大吃一惊，跑到镜子前一看，头发果然全白了！

天下风云

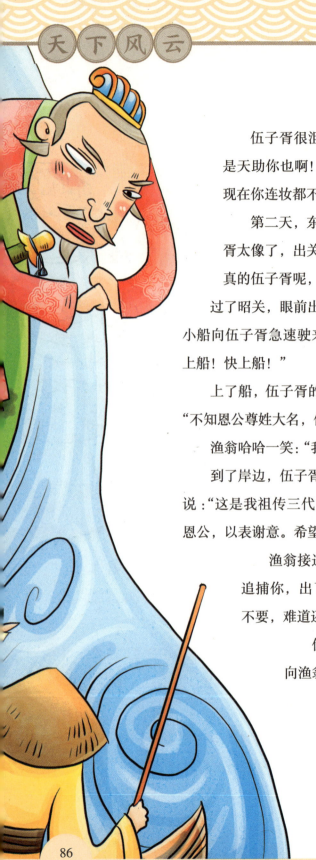

伍子胥很沮丧，东皋公反而拍手大笑道："真是天助你也啊！本来，我想请我的朋友替你出关，现在你连妆都不用化，别人也认不出你来了！"

第二天，东皋公的朋友到了，因为长得与伍子胥太像了，出关时，果然被守关的人抓了起来。而真的伍子胥呢，成功地逃过了盘查。

过了昭关，眼前出现了一条大河。正在焦急时，一条小船向伍子胥急速驶来，船上的渔翁向他招手喊道："快上船！快上船！"

上了船，伍子胥的一颗心这才放下心来，对渔翁说："不知恩公尊姓大名，他日定当重重感谢。"

渔翁哈哈一笑："我一生浪迹江湖，要姓名有什么用。"

到了岸边，伍子胥从腰间解下自己的佩剑，递给渔翁说："这是我祖传三代的七星宝剑，价值千金，现在送给恩公，以表谢意。希望恩公千万不要泄露我的行踪。"

渔翁接过七星宝剑，长叹一声："楚王为了追捕你，出了五万石粮食的赏金，我连赏金都不要，难道还会要你这把宝剑吗？"

伍子胥连忙向渔翁赔礼，收了宝剑，向渔翁告辞了。

专诸鱼腹藏剑，刺杀王僚

伍子胥到了吴国后，认识了一个叫专诸的勇士。

为了报仇，伍子胥见了吴王僚后，用攻打楚国的好处去劝说他。没想到公子光插了一脚，说："伍子胥的父亲和兄弟都是死在楚王手下，他要我们攻打楚国，并不是为吴国着想。"于是吴王拒绝了。

这个公子光是当今吴王僚的堂哥，但一直对僚很不服气。原来当年吴王诸樊在位时，有三个弟弟，大弟叫余祭，二弟叫夷昧，三弟叫季札。诸樊觉得三弟季札很贤德，便没有立太子，而是把王位依次传给三个弟弟，最后传到季札手中。

谁知，夷昧死后，季札却不想当大王，跑到乡下耕田种地去了。夷昧的儿子僚便自作主张坐上了王位。

这下，诸樊的儿子公子光不乐意了："长幼有序，叔叔不要王位，也该是我来当大王啊，哪轮得到你！"所以，公子光时时刻刻准备弄死僚。

伍子胥知道公子光的想法后，就把专诸推荐给他，说："这人虽然是个屠夫，但忠肝义胆，武艺超群，是个真勇士。"

公子光听了，立刻像对待贵宾一样对待专诸，同时对他的母亲也百般关心。

专诸非常感激公子光，说："公子对我恩重如山，我愿以死相报。但我的母亲已经老了，谁来照顾她呢？"

母亲知道这件事后，跟儿子说："大丈夫应该去做名垂青史的事，

不要牵挂家里的小事。"说完,趁专诸不注意的时候,上吊自尽了。专诸这才下定决心去行刺吴王僚。

可是,吴王僚毕竟是吴国的大王,身边有很多护卫,一般人根本没法靠近。

专诸就想了个好办法。他听说吴王僚喜欢吃鱼,就跑到太湖边去学厨艺。三个月后,专诸练成了一手烧鱼的好手艺。

公元前515年,公子光在地下室布下重兵,宴请吴王僚。不过,吴王僚身穿三重铁甲,身边也有重重守卫。

喝了几杯酒后,公子光就找了个借口,悄悄躲进了地下密室。不一会儿,专诸端着一大盘烤鱼上来了。

他把鱼放到吴王僚面前,突然从鱼肚中抽出一支短剑来,猛地刺向吴王僚。吴王僚来不及躲开,当场就一命呜呼!

愤怒的护卫们一拥而上,转眼就将专诸砍成了肉酱。这时,公子光和伍子胥趁乱带兵冲了进来,杀光了吴王僚的护卫。公子光终于如愿以偿,坐上了王位(即吴王阖闾)。

女人也能当士兵

阖闾即位后,伍子胥又把报仇的希望寄托在他身上,阖闾说:"不是我不想发兵,而是我们现在兵不强马不壮,难以和楚国抗衡啊。"

为了早日报仇,伍子胥向阖闾推荐了一位精通兵法的高人——孙武。

阖闾为了考验孙武的才能,给他出了个"考题"——训练军队。孙武爽快地接受了任务,提出要训练宫女,并让吴王两位最喜爱的妃子担任队长。

一切准备妥当后,孙武开始"练兵"了。

首先,他宣布了三条军令:"第一,态度要严肃认真,不许嬉闹。第二,一切行动听指挥。第三,若有违抗军令者,军法处置。"

宫女们哪见过这个架势,嘻嘻哈哈,压根就没把他的号令放在心上。

孙武继续说:"第一通鼓响的时候,队伍向右转走;第二通鼓响的时候,向左转走;第三通鼓响的时候,拿起武器,准备战斗。听到鸣金,就要后退。"

操练开始了!第一通鼓响了,宫女们有的左转,有的右转,乱成一团,两个队长干脆转过身去,看着宫女们歪歪扭扭的样子,笑得花枝乱颤。

第二通鼓响过后，队伍更加混乱，两个队长干脆扔掉武器，一手指着孙武，仿佛在看小丑一般，乐不可支。

孙武见了，勃然大怒，说："队长不听军令，明知故犯，推出去斩了！"

几个士兵一拥而上，飞快地把两个妃子绑了。

吴王一看孙武来真格的，急忙派人传话说："我已经知道将军才能卓越了，请把她们放了吧！"

孙武说："我既受命为将军，将在军中，君命有所不受。"于是，士兵将两个妃子斩了。

宫女们知道了孙武的厉害，再也不敢嬉笑，乖乖地听从命令，没多久，就和一支正规的军队没什么差别了。

这次练兵，杀了吴王最喜爱的两个妃子，吴王心里十分难过，但同时，他也知道了孙武的才能，于是拜孙武为大将军，统帅吴国军队。吴国的兵力渐渐强大起来。

百姓茶馆

酒店老板娘

听说，被孙武杀死的两个妃子，一位叫周文燕，只有19岁；另一位叫张镜，也只有23岁。张镜死的时候，说孙武杀自己是对的，因为她的确该死。周文燕就不同了，听说她临死前大骂孙武，还说自己变成厉鬼也不会放过他！

唉，孙武是不是太残忍了点啊！毕竟人家只是两个不懂事的妃子，又不是真正的士兵。

某猎人

作为一个将领，不"残忍"又怎么能带好军队，怎么能打胜仗？我认为孙武做得没错。听说，孙武从小就在一个军人家庭长大，家里有数不清的兵书，像《黄帝兵书》《太公兵法》等，他全都读过，难怪他打仗那么厉害。看来不管做什么，都要多读书啊！

小兵铛铛

听说，孙武自己也写了一本兵书呢，好像叫什么《孙子兵法》。他把自己打仗的心得、经验、见解全都写进这本兵书里了。只是不知道这本书哪里有卖的，我真想买一本回来看看。

伍子胥掘墓鞭尸

公元前506年,吴王封孙武为大将,伍子胥为副将,亲自率领6万大军向楚国发动进攻,两国军队在汉水两岸对峙。

这时的吴国在伍子胥的治理下,国力日渐强盛。而楚国呢,早就被楚平王折腾得衰落下来了。结果是吴军一路扫荡,打进了楚国都城郢(yǐng)都。

这时,孙武认为应该立公子胜为楚王,这样不仅能够平息楚国人民的抱怨,也能树立吴国良好的形象。而且公子胜是自己人,从此以后,楚国就相当于吴国的附属国了。

伍子胥却一心报仇,要吴王拆除楚国的宗庙(宗庙是一个国家的象征,毁了宗庙等于灭亡了这个国家),把楚国灭了,这样,楚国的地盘和财富就都是吴国的了。阖闾贪图楚国的地盘,采纳了伍子胥的意见。

伍子胥曾发誓要亲手杀掉楚平王,可楚平王已经死了。为解心头之恨,他便向阖闾请求,让自己去刨楚平王的坟。伍子胥跟随阖闾这么多年,功劳苦劳都立下了不少,这点儿要求阖闾肯定是会答应的。

于是,伍子胥带着士兵,找到楚平王的墓地,把楚平王的尸体刨了出来,拿出铜鞭,狠狠地抽打了尸体三百鞭,这才解了恨。

死了还要被鞭尸,你真可怜!

如何复兴楚国？

编辑老师：

你们好！

我是楚国的大夫，曾经与伍子胥是好朋友，当年他逃亡时，和我见过一面。他对我说，日后他一定要把楚国给灭了。我说，我能理解你心中的仇恨，你能灭掉楚国，我就能复兴楚国！

如今，伍子胥已经实现了他的誓言，领着吴军攻破了楚国的都城，眼看楚国就要灭亡了。我想，也到了我实现诺言的时候了。可是现在，楚国岌(jí)岌可危，想复兴谈何容易。编辑老师，你们能给我一些建议吗？

申包胥

申包胥：

您好！

从现在情势来看，楚国已经溃不成军了，必须得借助他国的力量，才能得到保全。现在有能力与吴国对抗的，只有秦国和晋国。而晋国与楚国争霸多年，肯定不会帮忙，那么只有秦国可以一试了。听说，你们的大王（楚昭王）还是秦王（秦哀公）的外孙呢，我想这个忙，秦国应该会帮吧。

当然，我们相信，您自己一定早就想到了这个办法。那么，祝您成功！

报社编辑

（后来，申包胥在秦宫外面哭了七天七夜，终于感动了秦哀公。秦国出兵援救楚国，吴国这才撤兵。）

楚王戏人不成，反被人戏

管仲之后，齐国又出了一位名相，名叫晏（yàn）子。晏子头脑机敏，能言善道，但就是个子矮小。

有一次，晏子出使楚国。这时的齐国已经日趋衰微。楚王仗着自己国力强大，就想给他一个难堪，命人在城墙的大门旁边又开了个小洞，让他从那个小洞钻进去。

晏子一口拒绝说："到了'狗国'，才走狗洞；到了楚国，应该走大门才是。"楚王碰了个软钉子，只好请晏子从大门进去。

见了晏子，楚王故意问："你们齐国没有人了吗？"

晏子回答说："齐国光都城就有上万户人家，走在街上，人们把衣袖举起来，就可以遮住太阳；甩掉汗水，就像下雨一样。"

楚王大笑道："那齐国为什么还派你出访呢？"

晏子不慌不忙地回答："大王有所不知，我们齐国有个不成文的规矩：精明能干的人，我们就派到君主贤明的国家；愚蠢无能的人，就出使那些君主不成器的国家。在齐国实在找不出比我更蠢的人来了，所以就派我出使楚国来了。"

楚王本来想羞辱一下晏子，没想到反而被"修理"了一顿，憋屈得半天说不出话来。而晏子不辱使命，捍卫了齐国的尊严，更受天下人的推崇。

这里难道是狗国？门都这么小。

名人有约

大嘴记者

特约嘉宾：季札

身份：吴王阖闾的叔叔

大：大嘴记者　**季**：季札

大（作揖）：季先生您好，很荣幸能邀请到您接受采访。
季（还礼）：记者先生你好，不用客气。

大：果然……相当的平易近人啊，真不愧是连孔子都推崇的人啊！
季：孔子也不赖，比我小这么多，却能和我并称为"南季北孔"。

大：你们都是有德行的圣贤啊！
季：要说德行，我的三个哥哥比我更有德行，他们都放着大王不做，要让给我。

大：那也是因为您最有德行才干啊。
季：这话是不对的。你听说过曹人子臧（zāng）的故事吗？曹国人不喜欢无德的曹王，就想拥立贤能的子臧为国君。他却拒绝了。我跟他想法是一样的，前面既然有规矩定在那了，何必破坏呢？兄弟感情再深也不行啊！否则天下就会大乱。

大：原来圣贤就是这么想的啊！和你们几兄弟比起来，"孔融让梨"又算得了什么呢？
季："孔融让梨"？孔融是谁，是孔子的亲戚吗？让个梨是很平常的事情吧？

大：我也觉得，可这个故事我听得耳朵都起茧子了。下次我把您的德行好好讲给大家听听。

季（笑笑）：我是真不想做什么君王，谈不上德行了。

大：可这样一来，他们就更认为您的品德高尚了。您看，您到哪里，吴国人民就移民到哪里。

季（无奈）：所以，我只好借出使外国的机会，躲起来了。

大：听说您出使徐国的时候，徐国的国君很喜欢您的宝剑，您怎么没送给他呢？

季：当时我是很想送给他的。但因为还要出使其他的国家，所以没有立即相送。不过等我回来的时候，徐国的国君已经死了。

大：唉，那是他没有这个福气。

季：不过，既然我内心已经答应把宝剑送给他，怎么能因为他死了，就不兑现呢？所以，我把宝剑解下来，挂在他墓旁的松树上。希望他在天之灵可以看到吧。

大：圣贤果然是圣贤，做的事也是那么与众不同。话说回来，您的三个兄长非要把王位让给您，您不要，结果害得两个侄子为了王位争夺起来了，这是您没想到的吧？

季：这确实是我和三个兄长都没有想到的。我回去的时候，公子光也说要把王位让给我。

大：太好了，吴国百姓终于盼到这一天了。

季（摇摇头）：记者，你想得太单纯了，公子光为了这个王位费了这么多心思，他会轻易让给我吗？所以我也就成人之美，归隐山林了。

大：唉，世上像您这样的圣人还是太少啊。走，不聊这些破事了，听说您的音乐素养是一等一的好，咱们听音乐去！

广告铺

楚国迁都公告

可恶的吴军，自从攻破郢都后，每天都在城里烧杀抢掠、无恶不作。如今，郢都已经是一片狼藉，没法住人了。因此，我决定把国都迁到鄀（ruò）城。特此公告天下。

楚昭王

抗议书

前不久，公主死了，大王（阖闾）非常悲痛，给她造了一个很大的坟墓。在公主的葬礼上，他还让人一路舞白鹤，引来不少人围观。我妻子觉得好玩，也跑去看白鹤，并一直跟到坟墓里。谁知大王突然下令，把墓门堵上，让所有围观的人为公主陪葬！

大王这种做法，简直太残酷，太没有人性了，因此，我在这里提出强烈的抗议！

刘宝宝

《道德经》新鲜出炉

老子，你们一定不陌生吧。他是楚国著名的哲学家、思想家，还是道家学派的创始人。他的代表作《道德经》新鲜出炉，欢迎大家前来购买！

崇德书肆

第 6 期

〖公元前 496 年—公元前 455 年〗

勾践卧薪尝胆

越王勾践是春秋时期越国的君主,也是春秋时最后一位霸主。他曾经在夫椒之战中被吴王夫差打败,去吴国做了三年奴隶。回到越国后,勾践卧薪尝胆,发愤图强,终于打败了吴国,一雪前耻。

穿越必读

烽火快报

阖闾攻打越国，赔上自己性命
——来自樵李的加密快报

来自樵李的加密快报！

在长江中下游地区有两个强国。一个是吴国，另一个就是越国。吴王阖闾称霸后，一心想除掉越国。

公元前 496 年，越王允常去世，他的儿子勾践继承了王位。阖闾见越国上下正忙着办丧事，就不顾伍子胥的反对，亲自领兵攻打越国。双方在樵（zuì）李（今浙江省嘉兴市西南）相遇。

越王勾践见吴军气势凶猛，硬拼可能拼不过，就想了一个办法。他在队伍中挑了几十个死刑犯人，强迫他们脱掉上衣，将刀架在自己脖子上，迈着整齐的步伐，朝吴军走去。

吴军将士一看感觉莫名其妙，这是干什么，难道他们要自杀？没错，这些人走近吴军后，齐声喊道："我们犯了军纪，不配当军人，既然逃不脱刑罚，今天就死在两军阵前了！"说完，手起刀落，人头骨碌碌地滚落下来。

吴军将士哪见过这么可怕的事，一下震惊了，队伍顿时变得乱哄哄的。勾践趁机发动进攻，把吴军杀得人仰马翻。混战中，阖闾的大脚趾被砍掉，痛得嗷嗷叫，没等回国，就死掉了。

可怜阖闾本想吞并越国，却赔上了自己的性命。

夫椒大战，越国向吴国求和

阖闾死后，他的儿子夫差继承了王位，决心为父报仇。为了鞭策自己，他派人站在宫前，每次一见吴王出入，那人就喊："夫差，你忘了勾践的杀父之仇吗？"

夫差立刻站住回答："不，我不敢忘记！"

经过三年的精心准备，公元前494年，夫差任命伍子胥为大将，伯嚭（pǐ）为副将，亲自领着5万大军，向越国发动了进攻。勾践赶忙准备率军迎战。

越国的大夫范蠡（lí）劝勾践说："吴国已经练了近三年的兵，这次来势凶猛，我们还是先守住城池，别和他们交锋吧。"

勾践听不进去，说："我已经拿定主意，你们别管了！"

两军在夫椒（今江苏省太湖椒山）一相遇，就展开了一场恶战。越军抵抗了一阵子，就开始节节败退，最后退守到会稽城。吴军越打气势越高涨，把会稽城团团包围住。

勾践站在城墙上，望着黑压压的吴军，心里焦急万分，对范蠡说："我真后悔当初没有听你的话，现在该怎么办呢？"

范蠡说："到了这个地步，说什么都没用了，还是赶紧去向吴国求和吧。"

勾践答应了，派文种去吴营求和。谁知文种回来报告说，伍子胥坚决要吴王灭了越国，不肯讲和。

勾践听了，顿时泄了气。文种说："我再试一次。吴国的太宰伯嚭贪

图荣华,爱好美色,本事没有,马屁一堆,还一向和伍子胥不和。但吴王对他几乎是言听计从,我去设法拉拢他,让他为我们说说好话。"

勾践立即让文种带上美女八人、白璧三十双、金子一千两送给伯嚭。伯嚭见了眉开眼笑,立刻答应在吴王面前为他求情。

文种流着眼泪给夫差磕头说:"请大王饶了越王,他愿意把所有的财宝送给您。如果您不愿意,他只好跟您决一死战,这样一来对您也没有什么好处啊!"

伯嚭也在一旁帮腔说:"对啊!越王愿意做大王的臣子,您就免他一死吧!咱们名利双收啊!"

最后,夫差答应了越国的求和,不过他提了一个条件,那就是:勾践必须来吴国伺候夫差。

伍子胥听了这事,赶来劝阻:"大王,勾践君臣都是胸有大志之人,您现在不杀了勾践,以后后悔就来不及了啊!"但任凭伍子胥怎么劝,夫差就是不听。

就这样,吴军撤了回去,勾践夫妇和范蠡被押到了吴国。

受尽屈辱的"马夫"

三年后，勾践因为在吴国的表现很好，得到了夫差的大赦，回到了越国。越国的父老乡亲纷纷夹道迎接，勾践却沉着个脸，没有半点儿欢喜的神色。

原来，勾践自从去了吴国后，就和王后被安排住在一间石屋里，每天给夫差喂马。起初，夫差还经常派人去监视他们。日子久了，见勾践看马喂草，范蠡打草砍柴，勾践夫人洗衣做饭，个个安分守己，毫无怨言，就以为他们真心归降，不再提防他们。

有一次，夫差生了病，但并没有什么大碍，不久就能痊愈。范蠡就建议勾践去探病，以示忠诚。

勾践一见到病床上的夫差，就立即跪下说："大王生了病，做臣子的也应该尽心服侍。我有一项本领，只要尝尝病人的粪便，就能知道病情的轻重。"

夫差一听，觉得真有趣，就让勾践尝自己的粪便。勾践也是真汉子，二话不说，眼一闭，口一张，真的舔了舔夫差的粪便，然后赶紧跪下来，说："恭喜大王，您的粪便又苦又酸，这说明您的病不久就能痊愈了。"

夫差被勾践感动得眼泪汪汪的，说："就算是亲生儿子，也不见得肯为父亲尝粪便啊！"再加上伯嚭不停地在夫差面前为他说好话，于是，夫差就把勾践放回去了。

勾践卧薪尝胆

勾践回国之后，痛定思痛，决心使越国变得强大起来，好报当年被夫差羞辱的仇！他夜夜睡在草席上，任凭身体被茅草扎得伤痕累累。这个疼吗？不疼！勾践在心里对自己说，草席至少是软的，吴国的石床可是硬得会磨出血来呢！

勾践在房间里吊了一只苦胆，每次吃饭的时候，他都要凑过去舔一舔。这个苦吗？不苦！比起在吴国吃的大便，苦胆又算得了什么呢？

勾践就这样卧薪尝胆了好几年，越国的国力也一天天变强盛了。

为了麻痹夫差，勾践还给夫差送了一个叫西施的美女。西施长得如花似玉，夫差对她喜爱得不得了，整天和她饮酒作乐。

公元前484年，一心想称霸中原的夫差打算攻打齐国。伍子胥赶紧劝

阻他，说："越国的勾践卧薪尝胆多年了，大王如果不除掉他，恐怕很难实现霸业。"

夫差不听，照样去攻打齐国，没多久大胜而归。文武百官都向夫差道贺，只有伍子胥说："打败齐国对我们来说，并没有什么好处。可越国要是向我们开战，那吴国就危险了。"

夫差本来挺高兴的，听伍子胥这么一说，气得把酒杯都扔了。

这时，伯嚭趁机进谗（chán）言，说："大王，这个伍子胥傲慢无礼，老是跟您作对。您一天不除掉他，就一天难以成就霸业！"

夫差就真的赐了伍子胥一把宝剑，让他自杀。

伍子胥临死前，愤恨地说："我死后，请把我的眼珠挖出来，挂在城门上，我要亲眼看看越国是怎么打进吴国的！"

公元前482年，吴国再次攻打齐国，并和鲁国、晋国等国在黄池会盟。为了炫耀武力，夫差把吴国的精兵全都带走了，只留下一些老弱病残的士兵。

趁这个机会，越国向吴国发动了猛烈的进攻。

夫差得到消息后，赶紧带兵回国营救。士兵一路劳累，哪里还有心思打仗，很快就被打败了。夫差只好向越国求和。勾践想了想，觉得现在还灭不了吴国，便答应了。

公元前475年，越国再次向吴国发动进攻。这时，吴国因为连连作战，已经山穷水尽，接连吃败仗。夫差又想向越国投降，这次勾践却坚决不答应。

到了公元前473年，吴国被灭。夫差没办法，只好拔剑自刎了。临死前，他用袖子蒙住脸，哭着说："伍子胥啊，九泉之下我没脸见你啊！"

百姓茶馆

听说，西施可是一个大美女，她有多美呢？嗯……听说，就连河里的鱼儿见到她，也会觉得羞愧，一个个沉到水底不敢出来呢。

某浣纱女

张姑婆

是呀是呀。不过，我听说这个美人也有个缺点，就是脚太大了。为了掩盖自己的缺陷，她专门给自己做了一双厚底的木屐，然后穿着长长的裙子。这样，不但让别人看不到她的大脚，还显得她的身材更加婀娜多姿呢。

你们知道吴国灭亡后，西施到哪里去了吗？我听说呀，越国人嫌她是亡国的祸水，把她丢到湖里去了。真是可怜，也不知道她做错了什么。

剑客小月

某卖花女

不是吧，我听说，西施和范蠡原本是一对恋人。吴国灭亡后，范蠡（lí）把官辞了，和西施一起隐居了呢。

107

忠臣为什么没有好下场？

编辑老师：

你们好！

说起来，我跟在大王（勾践）身边也有好些年了，这些年来，我尽心尽力地为他出谋划策。他能当上霸主，可以说我功不可没啊。可是现在呢？他居然赐我一把宝剑，让我学伍子胥自刎，真是莫大的讽刺啊！

他也不想想，当年他被逼得走投无路时，是谁去贿赂伯嚭，让他得以苟且偷生的；他去吴国做奴隶时，是谁在帮他打理越国的上上下下……

唉，罢了，还是范蠡聪明，早早辞官了。我就是有点儿想不通，我文种一片忠心，怎么会落得这么个下场！

不甘心呀！

文种

文种先生：

您好！

俗话说，自古伴君如伴虎，这个道理您应该是知道的。

听说，当年范蠡辞官的时候，给您写了一封信，说飞鸟被打光了，主人就会把弓箭藏起来；兔子打完了，主人就会把猎狗杀了吃掉。勾践这个人，只能共患难，不能同享福。

可是您贪恋权力和富贵，不肯及时抽身，现在落得这么个下场，又能怪谁呢？

哎，祝您一路走好吧！

仁义孔子，错怪贤徒

提起孔子，大家一定不陌生，他是鲁国著名的思想家、教育家，也是儒家学派的创始人。据说，这位先生因为看不惯鲁王每日花天酒地，对祖国的明天失去了希望，所以便带领门下的弟子周游列国，宣扬自己的治国理念。

有一天，他们一行人误入强盗窝，被困在了一个荒凉的地方。一连七天，他们一顿饭都没吃，都饿得面黄肌瘦。

一天中午，他的弟子颜回好不容易找到一些米，煮了一锅粥。

粥快煮好的时候，孔子无意中看见颜回背对着他，用勺子盛着粥喝。顿时，孔子心里有些不高兴，但还是装作没有看见。

当颜回把粥端给孔子时，孔子说："我一直教导你们长幼有序，难道你都忘记了？"

颜回恭恭敬敬地回答："弟子每天谨记，不敢忘记。"

孔子站起来，生气地说："既然记得，那为什么你却背着我先吃呢？"

颜回连忙解释说："您误会了，刚才柴灰掉到锅中，我本来想把弄脏的部分扔掉。可是又想到不可浪费粮食，所以就拿起来吃掉了。"

孔子这才知道错怪了颜回，连连说："即使是自己亲眼所见，也有不可靠的时候啊。"

名人有约

身份：儒家学派创始人

大：大嘴记者　**孔**：孔子

大：孔老先生，您好！虽然大家对您都很熟悉了，但在此还是请您做一下自我介绍好吗？

孔：嗯，我姓孔名丘，字仲尼，是鲁国人。我三岁时父亲死了，是母亲把我带大的。

大：听说，您从小就喜欢学习礼节，总是学着大人的样子，在面前摆个锅碗瓢盆什么的，祭天祭祖？

孔：哈哈，没错。我很崇拜制礼作乐的周公，我认为，现在应该恢复周朝的礼乐制度。

大：这也是您的政治主张吧！请问，有人采纳您的建议吗？

孔：各个诸侯国都忙着争霸权，抢地盘，谁有工夫理我？

大：请问，您都到过哪些国家呢？

孔：到过卫国、曹国、宋国、郑国、陈国、蔡国、楚国……不过，没一个国家的国君重用我，唉！

大：唉，真是遗憾啊！

孔：哈哈，没关系，我从53岁起开始周游列国，在外面碰钉子碰了七八年，碰着碰着就习惯了。

大：请问，您在外面有没有遇到过一些印象深刻的事？
孔：嗯。我记得有一次路过泰山，看到一个女人坐在坟墓边上哭，哭得可伤心了。我就叫学生子路过去问她怎么了。她说，他们全家搬到这里好多年了。先是她的公公被老虎吃掉了，后来，她的丈夫也被老虎吃掉了，前不久，她的儿子也被老虎吃掉了。

大：真可怜，那她为什么不搬家呢？
孔：我也是这么问的，她说，只有躲进深山里，官府才没办法对他们横征暴敛。像他们这样的人家还不少呢！唉，残暴的政策，真是比老虎还凶猛啊！

大：您在外面游历了这么多年，请问，您今后有什么打算呢？
孔：如今，我年纪大了，想想还是回国吧，整理整理书籍，教育教育学生，也挺好的。

大：您整理过哪些书籍？
孔：像《诗经》啊，《尚书》啊，《春秋》啊……

大：哇，随便拿一本出来都是经典啊！对了，您可是个了不起的教育家，您的学生一定很多吧？
孔：嗯，是有很多人愿意跟我学习，加起来有三千多个吧。哎呀，不知不觉说了这么长时间，我得去给学生们上课了。

大：那好，就不打扰孔老先生了，再见。

广告铺

为孔子守墓

前不久，我们敬爱的夫子（指孔子）去世了。他活着的时候，教了我们很多做人和治国的道理。现在他去世了，我们都很悲痛。大家一致决定，为他守墓三年，以示我们对他的敬重和怀念。

孔子的众弟子

感谢信

几年前，我们家穷得快要断粮的时候，突然有人给我们送来一笔钱。我一直不知道这位好心人的名字。直到昨天，有人告诉我，那位好心人就是范蠡。

原来范蠡离开越国后，就开始做生意，赚了很多很多钱。他把这些钱全都送给了穷人，又改名为"陶朱公"。

在这里，我想真诚地对陶朱公说一声谢谢！

农民小汤

求购欧冶子的名剑

听说，越国著名铸剑师欧冶子花了两年时间，铸造了三把绝世宝剑，一把叫龙渊，一把叫泰阿，一把叫工布。作为一个剑客，如果能得到其中的一把，就不枉此生了！不知道这三把宝剑现在在谁的手里，如果宝剑的主人愿意出让，我愿花一千两金子购买。

某剑客

智者第 2 关

1. "不鸣则已，一鸣惊人"这句话是形容春秋时期的哪位霸主？
2. 楚庄王时期，著名的贤后是谁？
3. 大家都知道楚庄王爱马，最后，他是怎么安葬自己心爱的马的呢？
4. 谁过昭关时一夜白了头？
5. 是谁鱼腹藏剑，刺杀了吴王僚？
6. 是谁在秦宫外哭了七天七夜，最终感动秦王，拯救了楚国？
7. 孙武写了一本流芳百世的兵书，叫什么名字？
8. 问鼎中原是什么意思？
9. 夫差身边著名的奸臣是谁？
10. 卧薪尝胆说的是谁？
11. 越国送给夫差的美女是东施吗？
12. 《孙子兵法》是谁写的？
13. 最终被勾践赐死，落得和伍子胥一样下场的是谁？
14. 儒家的创始人是谁？
15. 老子的代表作是什么？

智者无敌　王者为大

第 7 期

【公元前 455 年—公元前 361 年】

三家分晋

穿越必读 ▶

公元前 403 年，晋国分为赵国、魏国和韩国三个独立的诸侯国，历史进入战国时期。经过春秋时期的混战，中华大地上只剩二十多个诸侯国。后来，七个强国脱颖而出，它们分别是齐、楚、燕、赵、韩、魏、秦。这七个国家被称为"战国七雄"。

智家想独占晋国
——来自晋都新田的加密快报

晋国自从被楚国打败后，就逐渐衰落下来，甚至不得不听南方强国越国的号令。渐渐地，晋国的权力落入六个大夫手中，晋国的国君成了他们的傀儡。

这六个家族打来打去，最后打散了两家，还剩四家，分别是智家、赵家、魏家和韩家。这四家中，又属智家的实力最强。

来自新田的加密快报！

智家的当家人智伯瑶很有野心，他想独占晋国，就假惺惺地对其他三个家族说："咱们晋国以前那么强大，现在却这么衰败，大家一定都很不甘心吧。这样，咱们每家拿出一百里地充公，使晋国强大起来，怎么样？"

魏恒子的胆子很小，他知道智伯瑶素来不讲理，如果不给地，他肯定就要打你，于是只好划出了一百里地给智家。韩康子一看魏家给了，于是也给了。只有赵襄（xiāng）子骨头硬，他对智伯瑶派来的人说："地是祖宗传下来的，我不能随便把它送给别人！"

智伯瑶听了，气急败坏。看来，一场大战就要在晋国展开了！

晋国被三家瓜分了

公元前455年,智伯瑶拉上魏家和韩家,气势汹汹地去攻打赵家。三个家族把赵家围困在晋阳城(今山西省太原市)。这赵襄子也是个硬汉,被三大家族围困了两年多,硬是没有投降。

智伯瑶也急了,"要一块地有那么难吗?你缩在城里两年不出来!你不出来,我就逼你出来!"智伯瑶看着晋阳城前的晋水,突然想到了一个办法。

他叫人把河坝砌高,等雨季一来,河里的水一满,就把河坝打开一个缺口,哗啦啦的洪水便直涌向晋阳城。

这大水一冲,晋阳城的百姓可就遭了殃,锅碗瓢盆都浮起来了,人都被迫爬到屋顶上去生火做饭,折腾得很是狼狈。

赵襄子急了,没想到当初为保一块地,现在连老家都快保不住了。

这时,他的谋士张孟谈提议说:"我想魏、韩两家也不是真心臣服智伯瑶,我去说服他们一起攻打智家,灭了智伯瑶!"

赵襄子觉得有道理,派张孟谈去当说客。张孟谈与魏恒子、韩康子一见面,就说:"你们老家门口也有河吧,今天智伯瑶能淹晋阳,明天

就能淹你们……"魏恒子和韩康子一听，害怕起来，于是答应和赵家联手，除掉智家。

第二天夜里，过了三更，智伯瑶正在自己的营里打呼噜，睡梦中听见一片喊杀的声音，连忙从卧榻上爬起来，发现衣裳和被子全湿了，再定睛一看，军营里全是水。

他开始还以为是堤坝决口，大水灌到自己营里来了，赶紧叫兵士们去抢修。但是不一会儿，水势越来越大，把兵营全淹了。

智伯瑶正在惊慌不定，一霎时，四面八方响起了战鼓。赵、韩、魏三家的士兵驾着小船、木筏一齐冲杀过来。

智家实力再大，也敌不过三家突袭，没办法，智伯瑶只能认栽。灭了智家之后，赵、魏、韩三家便向周王室施加压力，要周天子封他们为诸侯。

事情都到这地步了，周天子不情愿也没办法，就干脆送了个顺水人情，于公元前403年分别将他们册封为诸侯。就这样，晋国分为赵国、魏国和韩国三个独立诸侯国了（史称三晋）。

魏文侯礼贤下士

三国分晋后，魏国地处中原，东边有齐国，西南有韩国，西边是秦国，南边的陕地是秦、楚、郑都想争夺的地盘，北边是强大的赵国。可以说，魏国是四面受敌，稍不留意，就会被其他强国吞并。

魏文侯即位后，为了使魏国变得强大起来，开始广泛搜罗人才。

有一次，魏文侯坐车去拜访一个叫段干木的隐者。这个人是孔子的再传弟子，品德高尚，学识渊博，有很高的声望。但他一听到文侯的车马声就躲开，一连好几次，都不肯相见。

魏文侯却毫不在意，每次坐车路过段干木家的草房时，都要从座位上站起来，手扶车前的横木向他致敬。

车夫说："这人也太自大了，您都来了好几次了，他都不见，恐怕不值得您这么尊重吧？"

魏文侯正色说："段先生不追求功利，不贪图富贵，虽隐居街市，却贤名远扬，这样的人，怎么不值得尊重呢？"

再后来，魏文侯不再乘马、坐车，而是徒步跑去拜访段干木。终于，段干木被他的诚意打动，给他出了许多治国的良策。

慢慢的，很多人都知道魏文侯礼贤下士、重视人才，纷纷跑去投奔他，如大政治家李悝、翟璜，大军事家吴起，还有西门豹等，这些人才的加入，使魏国在短时间内迅速地跨进了强国的行列。

河伯娶媳妇

魏国的邺（yè）县有个奇怪的传统，每年都要在县里选一个漂亮的姑娘，丢到河里去，说是嫁给河伯。不然的话，河水就会泛滥，将邺县淹没。

转眼又到了河伯娶媳妇的日子，据说，新上任的邺县令西门豹也会参加，所以来河岸围观的老百姓特别多。

仪式开始，大巫婆带着十来个女弟子上来了。她刚要念咒语，就被西门豹打断了。西门豹说："来，先把新娘给我瞧瞧，我看她漂不漂亮。"

哭哭啼啼的新娘被带上来，一双眼睛红得像桃子一样。西门豹一看，头摇得像拨浪鼓似的，说："不行不行，这个姑娘不漂亮，哪配得上河伯！大巫婆，麻烦你去跟河伯说一声，让他再等几天，几天后，我给他送一个更漂亮的新娘！"

于是，他叫人把大巫婆抓起来，丢进了河里。大巫婆扑腾了几下，就被河水淹没了。

过了一会儿，西门豹又说："嘿，大巫婆怎么去了这么久，估计被河伯留住喝茶去了呢！派几个弟子下去催催她，让她别忘了正事。"

说完，西门豹又叫人把大巫婆的几个女弟子也抓起来，丢进了河里。

又过了一会儿，西门豹说："看来，巫婆和她的弟子都是女人，不能把事情讲清楚。这样吧，那个拄着拐杖的长老，你下去跟河伯说说。"说完，叫人把长老也丢下了河。

等了好久，西门豹见长老也没上来，正想派乡绅和土豪下去催催。他们却早已经吓得浑身发抖，跪在地上，哭喊着求饶了。

西门豹摸着自己的胡须，似笑非笑地问道："你们哭什么啊？不就是下去跟河伯喝喝茶，聊聊天吗？"

乡绅和土豪不敢说话，只知道使劲磕头，磕得头破血流。其实，哪有什么河伯？他们之所以编出这种谎言，是想趁河伯娶妻的时候，明目张胆地搜刮百姓的钱财。

西门豹见他们头破血流的样子实在可怜，就说："看来，河伯还要留他们一阵子，我们还是先回去吧。"于是让大家散了。

从那以后，给河伯娶妻的恶俗也彻底消失了。有人戏言说："都说河伯爱美色，年年要娶俏媳妇。如今巫婆嫁给他，反而风平浪静些。"

这样变法好不好？

编辑老师：

你们好！

我叫李悝(kuī)，是魏国的丞相。这段时间，我奉大王（魏文侯）的命令，主持了一场变法运动，关于这次变法，主要内容大概是这样的：

一、政治上，提出"选贤任能，赏罚分明"的国策。凡是那些不好好做事，只知道贪污行贿的官员，通通都罢免掉。而那些有才能的民间隐士，则要恭恭敬敬地请出来当官。

二、经济上，统一分配农民的耕地，鼓励农民多开垦荒田。在丰收时，用平价收购粮食，灾年时，又用平价将粮食卖给百姓。这样，发生饥荒的可能性就大大降低了。

三、法律上，编制一本比较完善的法律书——《法经》。一个人犯了错，要打板子还是要罚款，都要参照《法经》上的条款来办。

四、严格筛选、训练士兵，加强军队的战斗力。

不知编辑觉得怎么样，还有哪些地方需要修改和完善吗？

李悝

李丞相：

您好！

在变法方面，您肯定比我们在行多了，所以，编辑们也不好献丑，提什么意见了。不过，我们可以大胆地预言一下，这次变法，必定会使魏国迅猛发展，成为一个强盛的大国，说不定，还会引领一股变法的潮流呢！

墨子破云梯

为了恢复楚国的霸主地位，楚惠王重用了一个叫公输般（即鲁班）的工匠，封他作了大夫。

没多久，鲁班就发明了一种叫云梯的工具，这种梯子看起来几乎可以搭到云朵上，任凭宋国的城墙有多高，都能爬上去！

这个消息一传出去，有的人幸灾乐祸，有的人坚决反对。其中反对得最厉害的人，就是鲁国的墨子，他连走了十天十夜，跑到楚国，对鲁班说："北边有个人欺负我，请你帮我去杀了他吧，我可以送你一千两金子作为报酬。"

鲁班很不高兴，说："我是个崇尚仁义的人，从不杀人。"

墨子顿时沉下脸来，说："您说您崇尚仁义，那您为什么还要造云梯攻打宋国呢？宋国没有犯错，楚国却要去攻打它，难道，这就是仁义吗？"

鲁班顿时哑口无言。他想了一会儿，说："可是，我已经答应楚王了。"

墨子就说："那你带我去见楚王吧。"

墨子见了楚惠王，对他说："楚国土地宽广，物产丰富，而宋国只是个贫穷的小国。您为什么放着华丽的马车不坐，偏要去偷邻居的破车呢？放着丝绸的衣裳不穿，偏要穿邻居的破褂子呢？"

楚惠王不知道怎么回答，只好往鲁班身上推，说："可是，鲁班已经给我造好云梯了。"

于是墨子说："好吧，就算要打，你们也赢不了！鲁班，你来跟我比画比画，看能不能攻进去。"

八卦驿站

真高啊！

鲁班与墨子较量很久。鲁班搭云梯，墨子就用火箭烧梯子；鲁班用撞车撞城门，墨子就用滚石檑木砸撞车；鲁班用地道，墨子就往地道里放毒烟……

最后，鲁班没辙了，看着墨子说："我还有一个办法，但是我不说。"

墨子笑着说："我知道你的办法是什么，我也不说。"

楚惠王在旁边一听就急了，说："哎呀，你们两个打什么哑谜嘛，快说快说！"

墨子说："鲁班的办法无非就是杀掉我，这样，就没人帮宋国守城了。不过，我早已经把这些守城技巧教给了弟子，并且让他们去了宋国。你们就算把我杀了也没用。"

楚惠王听到这里，实在没办法，只好放弃了攻打宋国的打算。

百姓茶馆

鲁班做了一只木鸟，能乘着风在天上飞翔，三天三夜都不会掉下来。真是太厉害了！如果他把木鸟做得大一点儿，那人不是可以坐在木鸟上，飞上蓝天吗？真是期待啊！

工匠小伍

工匠小唐

鲁班还造了一种木车马，这些木车马上有一些小木人，木人能像人一样，驾驶着车马到处走动呢，真是太神奇了。我要是能亲眼看看，那该多好啊！

这个鲁班还真是了不得呢。我听说他造的锁，从外面看不出任何机关，因为机关都设在里面了。我家里要是有这种锁，前几天就不会被小偷偷走一缸大米啦。

工匠小荣

木匠小孙

听说楚国这次打了胜仗，就是因为用了鲁班发明的"钩拒"，哈，名字很怪吧？这是一种新式武器，有了它，不管是顺流而下，还是逆流而上，包你在水上作战畅通无阻呢！

鲁班鲁班我爱你！就像老鼠爱大米！

鲁班粉丝

名人有约

身份：魏国名将

大：大嘴记者　吴：吴起

大：将军，您好！身为一个与孙武齐名的将领，您压力大吗？
吴：呵呵，一个人能力越大，压力就越小。

大：说得好！那么，作为一个杀妻犯，您有没有压力呢？
吴：这辈子能不能建功立业是我最大的压力。其他都不值一提。我如果不杀了她，鲁王怎么会信任我呢？要怪，她只能怪自己是齐国人了。

大（听着后背发凉）：那既然鲁王信任您，您在鲁国干得好好的，还帮鲁国打败了齐国，可后来，您为什么又离开鲁国，去了魏国呢？
吴：还不是因为我得到了鲁王的重用，有些大臣就看我不惯了，老在鲁王面前说我坏话，说我贪慕虚名、残暴、冷血什么的。而且，我是卫国人，鲁国和卫国又是兄弟国家。鲁王怕任用我会引起卫国的不满，就把我辞退了。

大：您对自己的亲人无情，却对手下的士兵十分关照，和他们同吃同住，同甘共苦，请问这是为什么呢？
吴：很简单，我热爱打仗，也热爱士兵。记得有一次，有个士兵生了脓疮，我就亲自用嘴帮他把脓吸了出来。后来，这个士兵的母亲知道后，放声大哭……

大：咦，这是为什么呢？

吴：因为这个士兵受了我的恩惠，以后在战场上一定会拼死杀敌，这样，死在战场上的可能性就很大了。

大：唉，真是可怜天下父母心啊！对了，后来，您为什么又离开魏国，去楚国了呢？

吴：唉，魏王击（魏武侯）把一位公主许配给我，可是我没要，他就对我起了疑心，我只好逃到楚国去了。

大：呀，公主您都不要，可真够有个性的。

吴：公主有什么好！魏国丞相公叔痤的老婆不也是公主？公叔痤在她面前唯唯诺诺，老婆说一，他就不敢说二。我可不想过这样的日子。

大：其实，这件事情的内幕，我多少也知道一点儿。这一切都是公叔痤搞的鬼。他故意让您看到他被老婆欺负的样子，又故意劝魏王把公主许配给您。他知道您肯定不会接受，这样一来，就能除掉您这个政敌了。

吴（愤怒）：原来如此！这个公叔痤，我可真是小看他了！

大：过去的事，咱们就别提了吧。对了，听说您最近和孙武一样，也在写兵书？

吴：没错。我最近正在写一本《吴子兵法》，毕竟生在乱世，说不定哪天就死了，能够留点儿东西给后人，总归是好的。

大：是的，我相信这本《吴子兵法》一定会和孙武的《孙子兵法》有一拼。好的，本期采访就到这里了，谢谢您接受采访！

魏国招武卒

你能拉开十二石的弓吗？你能背上装五十只箭矢的器具吗？你能头戴盔帽、腰挂利剑、带三天的干粮半天疾行一百里吗？如果能，请加入我们，成为一名光荣的武卒（魏国的一种特种兵）吧！凡是成为武卒的人，国家将免除他家里所有的徭役和宅田税。哪怕你退役了，依然能享受这种优惠！

武卒训练营

有了鲁班，一切简单

你还认为做木工是一件很麻烦的事情吗？你还在为找不到一件好的木工工具而苦恼吗？快来鲁班发明店吧，这里每一件工具，都是大名鼎鼎的鲁班亲自设计、发明的，有锯子、刨子、凿子、曲尺、墨斗……有了它们，木工活将变得简单无比！

鲁班发明店

招徒启事

因生意扩展，特招门徒若干名，要求：勇敢果断，有仁爱之心，有耐心，有毅力，能够遵守"人弃我取，人取我与"的经营原则，能够固守等待，不轻举妄动。

虽然我们商人是列在"士、农、工、商"的行业中的最后一位，但如果你想成为我的徒弟，这是最基本的素质要求，非诚勿扰。

商人鼻祖白圭

第 8 期

〖公元前 361 年—公元前 338 年〗

商鞅变法

公元前361年秦孝公即位后，任用商鞅变法，废除旧田制、推行县制、迁都咸阳……通过变法，秦国的经济得到飞速发展，军队的战斗力也大大加强。秦国迅速崛起，并成为战国末期最强大的国家。

穿越必读

搬根木头，就能得到五十两黄金
——来自咸阳的加密快报

秦国的左庶（shù）长商鞅在咸阳城的南门立了一根木头，对围观的群众说："谁把这根木头搬到北门去，我就给他十两黄金！"

百姓一下子就炸开了锅，纷纷议论："什么，搬根木头就能得到十两黄金？左庶长这是在耍我们吧，谁搬谁是傻子！"

商鞅看大伙儿都不愿意站出来，便说："既然十两黄金没人搬，那就五十两！"

嘿，这不说还好，一说大家就更不相信了。过了好一会儿，一个汉子才走出来，说："我来试试吧，管你是不是骗子，反正我有的是力气。"说完，就扛着木头向北门走去。

人群跟他一起涌到北门，想看看结果如何。没想到，商鞅真的拿出五十两黄金，赏给了扛木头的人。

这下，那些看热闹的人可后悔死了，早知道这样，自己为什么不搬啊！五十两黄金啊，就这样被大汉拿走了。

遗憾过后，大家都明白了一个事实，那就是——商鞅的确是一个说到做到的人。

太子犯法，与民同罪

商鞅南门立木的事情传开后，很多人想不明白，这个商鞅来自何处？家里难道钱太多了，没处花吗？

事实当然不是这样的。经过查证，真相原来如此。

因为地处西北，秦国的国力一直比不上其他六个强国。秦孝公即位后，决心变法图强，于是下了一道求贤令，向天下征求各类人才。

卫国的贵族商鞅因为得不到卫王重用，就投奔了秦孝公。他对秦孝公说："国家要富强，必须重视农业，奖励将士；国家要安定，必须赏罚分明，树立威信。有了威信，变法就容易多了。"

秦孝公对商鞅的主张非常赞同，说："从今天起，变法的事情就由你来拿主意吧！"

刚开始，商鞅颁布了一些法令，可百姓们都不相信，压根不理。为了让百姓信任自己，商鞅想出一个好办法，于是就出现了前面"南门立木"的一幕。

从那以后，商鞅再颁布什么法令，百姓们都会乖乖地照着去做了。

新法令赏罚分明，规定官职的大小和爵位的高低以打仗立功为标准。贵族没有军功就没有爵位；多生产粮食和布帛的，免除官差；凡是为了做买卖和因为懒惰而贫穷的，连同妻子儿女都罚做官府的奴婢。

天下风云

这样大规模的改革,引起许多贵族、大臣的不满,他们想方设法地干扰新法的施行。有一次,秦国的太子就故意触犯了新法。

商鞅就对秦孝公说:"国家的法令必须上下一律遵守。要是上头的人不能遵守,下面的人就不信任朝廷了。太子犯法,太子年幼,但他的老师应当受罚。"秦孝公同意了商鞅的意见。

商鞅就把太子的两个老师一个割了鼻子,一个在脸上刻了字。那些贵族和大臣见了,再也不敢哼哼唧唧,只好规规矩矩地遵守法令。

就这样,新法推行了10年后,秦国百姓都成了遵纪守法的人。路上没有人将别人丢失的东西据为己有,山林里也没了盗贼,乡村、城镇的社会秩序非常安定。

真后悔没有杀孙膑

编辑老师：

你们好！

我叫庞涓，是魏国的一员大将。我替魏国打了很多胜仗，魏王非常重视我。不过，我还有一个同学叫孙膑，他比我更厉害，据说，他还是孙武的后代。

魏王也听说了孙膑的名声，有一次跟我聊天时，谈起了孙膑。我就顺着他的意思，把孙膑请到魏国来了，跟我一起辅佐魏王。

不过，我可没那么傻，让孙膑抢我的风头。于是，我悄悄跑到魏王面前，跟他说孙膑这人不能留，他背着大王私通吴国呢！

魏王大怒，就按照刑法，在他脸上刺了字，还把他的两块膝盖骨给挖了。没想到，这个孙膑运气还挺好，后来，齐国派使者来魏国时，悄悄把他带走了。

现在，孙膑已经成了齐国的大将。前不久，魏王派我攻打赵国，眼看我已经把赵国的都城邯郸包围了，谁知赵国向齐国求救，孙膑就想了一个办法对付我。他不来营救邯郸，却派兵去攻打魏国的首都大梁。没办法，我总不能为了打邯郸，丢了大梁吧，只好撤军回来救大梁。

唉，真是气死我了，我真后悔当初没有把孙膑杀掉！

庞涓

庞涓：

你好！

你这个人吧，其实是有些本事的，就是嫉妒心太强了。孙膑的这种战术叫"围魏救赵"，除此以外，他还有更多的战术对付你。预先给你提个醒，你会死在他的手上，好自为之吧。

报社编辑

百姓茶馆

谋士赵小小

听说，庞涓将孙膑的膝盖骨挖掉后，还是对他不怎么放心。为了保住性命，孙膑就装疯卖傻，一会儿哭一会儿笑。别人给他送饭，他不但不吃，还把饭扔得到处都是，好让庞涓以为他是真的疯了。

剑士阿青

据说，为了判断孙膑是真疯还是假疯，庞涓还叫人把他丢到猪圈里，滚了一身的猪粪。孙膑却一点儿也不嫌脏，还抓起一把猪粪塞进嘴里，津津有味地吃了起来。唉，自古以来能成就大事的人，果然不是一般的能忍啊！

棋士小骆

那是，孙膑要不是装疯，哪还有命在！当时，他一边装疯，一边找机会逃跑。有一次，他听说齐国派使者来了，就偷偷地去拜访。使者听了他的谈吐，对他佩服得五体投地，就把他藏到车子里，带回了齐国。

我一直相信善有善报，恶有恶报，孙膑得到了善报，庞涓一定会得到恶报。

庞涓死于此树下

公元前 341 年，魏国又和赵国联合攻打韩国，韩国向齐国求救。齐宣王派田忌和孙膑前去救援，又是直接攻向魏国国都。

庞涓一腔热血，正准备杀进韩国都城，又接到本国的告急文书，心情郁闷极了，只得退兵赶回去救援。

等庞涓回来时，齐军早就跑了。庞涓一路追上去，发现一个齐军扎过营的地方。他数了数齐军做饭的炉灶，乖乖，足够 10 万人吃饭了！这意味着齐军至少有 10 万大军啊！庞涓吓得冷汗淋漓。

庞涓领着大军继续追赶，第二天，又发现一个齐军扎营的地方，不过这次的炉灶，只够供 5 万人用的了。

庞涓继续追赶。第三天，他们追到齐军第三回扎营的地方，这回炉灶更少了，只够两万人用的。庞涓得意地对属下说："齐军都是胆小鬼，10 万大军到了魏国，几天就逃散了一大半，哈哈！"

于是庞涓留下步兵，带着骑兵，日夜兼程，不停追赶。追到马陵（今河北省大名县东南）的时候，天已经黑了，但为了早点儿追上齐军，魏军依然没有停下脚步，直到被一堆木头堵住了去路。

原来，齐军为了拦住魏军，把路两旁的树全都砍倒了，堆放在路中间，只有一棵最大的树没被砍。那棵树有一面树皮被剥了，上面好像还刻了字。

庞涓好奇心一上来，就走了过去。因为天色昏黑，庞涓便叫人拿来火把照明，借着光一看，顿时吓了个半死，上面赫然写着："庞涓死于此树下。"

庞涓马上明白自己上了当,连忙命魏军撤退,但已经晚了。埋伏在周围的齐军万箭齐发,密密麻麻的箭矢,像飞蝗一般朝魏军射来。魏军被射得人仰马翻,死伤无数。

原来,这都是孙膑设下的圈套。他故意天天减少炉灶的数目,引得庞涓来追。到了马陵,他又故意在树上写下那句话,庞涓果然连连上当,最后只能成为瓮(wèng)中之鳖(biē)。

眼看已经到了绝路,庞涓长叹了一口气,拔剑自杀了。孙膑因此名扬天下。

邹忌抚琴谏威王

齐国渐渐衰落后,朝中大权落到了大夫田氏一族手中。公元前386年,田氏正式取代姜姓成为齐侯(史称田齐)。

齐威王即位后,因为迷恋弹琴,常常不理朝政。一个叫邹忌的齐国人,自称是高明的琴师,要为大王抚琴。齐威王听说后,马上召见邹忌。

邹忌听了齐威王的弹奏,连声称赞。齐威王问:"我的琴声好在哪儿呢?"

邹忌说:"弹琴就好比治国。七根琴弦就好比君臣之道。大弦似王,小弦似臣。七弦配合得当,才能弹奏出美妙的乐曲;君臣各司其职,才能治理好国家。"

齐威王说:"先生说的是。但是光知道这些道理是不够的,请先为我弹奏一曲吧。"

邹忌于是坐到琴前,调弦定音,然后把两只手放在琴弦上,半天动也不动。

齐威王疑惑地问:"你怎么不弹呢?"

邹忌答道:"臣以弹琴为业,当然要悉心研究弹琴的技法。大王以治理国家为要务,怎么可以不好好研究治国大计呢?这就和我抚琴不弹,摆空架子一样。有琴不弹,大王心情不畅;您有国不治,百姓们怎么会满意呢?"

齐威王恍然大悟,立刻拜他为相,共议国家大事。

在孙膑、田忌和邹忌的共同辅佐下,齐国渐渐成了七国中最强大的国家。可惜的是,邹忌和田忌互相猜忌,田忌被迫逃往楚国。本来有希望称霸群雄,统一中原的齐国又一次走向衰落。

名人有约

大嘴记者　　特约嘉宾：商鞅

身份：秦国左庶长

大：大嘴记者　**商**：商鞅

大：左庶长大人，您好！听说，您曾经在魏国做过官？

商：没错，我年轻的时候，侍奉过魏国的国相公叔痤。有一次，他生病了，魏王亲自去看望他。他趁机向魏王推荐我，还劝魏王把国事全部交给我。

大：哇，这个公叔痤可真是您的伯乐呀！

商（苦笑）：可是，大王见我只是个毛头小子，以为公叔痤病糊涂了，就没把他的话当一回事。

大：唉，真是可惜了。

商：公叔痤见大王不肯用我，就劝大王杀掉我。他说，绝不能让我活着离开魏国，不然，我要是投靠了别的国家，一定会威胁到魏国。大王走后，公叔痤又把我找来，跟我道歉，把劝魏王杀我的事全都告诉了我，还叫我赶快逃跑。

大（晕）：这个公叔痤，一边叫魏王杀您，一边又叫您逃跑，他累不累啊？

商：你不知道，他叫魏王杀我，是忠于国君；叫我逃跑，是忠于朋友。

大：那您最后逃跑了吗？

139

名人有约

商：没有。你想想，既然大王没有听他的建议任用我，又怎么会听他的建议杀掉我呢。所以，我就继续待在魏国，直到公叔痤病死。

大（囧）：您可真是个强人啊！
商：公叔痤死后，我听说秦国正在招募人才，就去投奔了秦王。

大：后来的事大家都知道了，您在秦国实行了变法，使秦国变得强大起来。不过，有人说您的新法太过苛刻了，您觉得呢？
商：不苛刻一点儿，百姓又怎么会遵守呢？你看，新法实行后，老百姓在路上捡到东西，再也不会据为己有了；以前有那么多强盗、小偷，现在也都没有了；家家户户富足安康，社会秩序稳定；大家不再为私人的利益争斗，勇于为国家打仗。这不是很好吗？

大：呃，是挺好的。不过，我听说秦孝公去世后，有人告你造反，新的秦王（秦惠文王）正派人抓您呢！
商：哼，这是有人陷害我！

大：听说，您逃到边境时，旅店不肯收留您？这是为什么？
商：……因为没有证件。旅店的主人不认识我，他跟我说，商君（即商鞅）有令，没有证件的人不许住宿，不然，旅店的主人就要受到惩罚。

大：这……算不算作茧自缚（fù）？那后来呢？
商：我好不容易逃到了魏国，可魏国又把我送回秦国了。唉，秦王的追兵马上就要到了，我得想个办法逃命。记者，你请便吧。

（不久，秦国派兵把商鞅杀死了，按照商鞅自己制定的法律，他被五马分尸，并被灭族。）

广 告 铺

《孙膑兵法》促销

继《孙子兵法》后,又一本绝世兵法《孙膑兵法》出炉啦!他是当代大军事家孙膑的得意之作,买一本回去,绝不会让你后悔。而且,最近本店举行一场答谢读者活动,买一本《孙膑兵法》送一本《孙子兵法》,送完为止,快快来购买吧!

三味书店

求见神医扁鹊

听说,神医扁鹊现在正周游列国,四处行医。而且,在不同的地方,他治的病也不同。邯郸的妇女容易生病,他就在那里做妇科医生;洛邑敬重老人,他就主要为老人治病;咸阳人疼爱孩子,他就主要为孩子治病……

我也是一个大夫,非常倾慕他的"望(看气色)、闻(听声音)、问(问病情)、切(按脉搏)"法,想拜他为师,向他学习,不知道谁能替我引见一下。

孙大夫

我的医治原则

近年来,向我求诊的人越来越多,为节约大家的时间,现将本人的"六不治"原则告诉大家:一、依仗权势、骄横跋扈(hù)的人不治;二、贪图钱财,不顾性命者不治;三、暴饮暴食,饮食没有规律的不治;四、得了重病不早点儿求医的人不治;五、身体虚弱不能服药的人不治;六、相信巫术不相信医道的人不治。特此告知。

扁鹊

第 9 期

〖公元前338年—公元前271年〗

合纵与连横

穿越必读

秦国日渐强大，引起了其他六个诸侯国的恐慌，于是，苏秦提出，让六国联合起来共同对抗秦国，这种方法叫"合纵"。为了应对"合纵"，张仪提出了"连横"的方法，即让秦国分别和六国联合，用来拆散六国的联盟。

苏秦游说燕文侯

——来自燕都蓟的加密快报

自从商鞅变法后,秦国以箭一般的速度发展起来,并不断向外扩张势力,这引起了其他六国的恐慌。这时,一个叫苏秦的人提出一个主张:想要保存六国,六国就必须采用合纵的方法,团结起来,共同对抗秦国!这个人自称是著名纵横家鬼谷子的学生,虽农家出身,却胸怀大志。

值得注意的是,在这之前,他曾经游说过很多国家,但没有一个君王(包括周显王)肯重用他。

当他落魄地回到家时,就连家人也看不起他,说:"你不好好地做工经商赚钱,却想凭着一张嘴来谋求高官厚禄,现在钱财花完了,官也没谋到,不是自寻死路吗?"

接着,他闭门不出,又发愤学习了一年("悬梁刺股"中"刺股"故事的主人公就是他)。

现在苏秦提出这种理论,人们都说,是因为他学成之后,跑到秦国去想帮秦王兼并天下,却遭到拒绝。因此他怀恨在心,便想利用其他六大强国来对付秦国。

那么,苏秦的策略可以成功吗?

来自燕都蓟的加密快报!

苏秦游说六国

苏秦离开秦国后,首先来到燕国,对燕文侯说:"燕国物产丰富,尤其是枣子、栗子多,老百姓就算只靠种植这两样,也足够生活了。可是为什么这么多国家里,只有燕国最太平呢?"

燕文侯摇摇头,问:"这个我也不清楚。"

苏秦继续说:"那是因为有赵国在南方,替燕国挡住了秦国。秦国要攻打燕国,难度很大;但如果赵国攻打燕国,几十天就能打到燕国的都城。所以,燕国最好与赵国结盟,而不是结仇。各个国家都要联合起来,这样,燕国就没有外患了。"

燕文侯认为苏秦说得很有道理,就拜他为相,

赐给他车马和珠宝,派他去赵国游说。

苏秦以燕国使者的身份到了赵国后,向赵王献计说:"如今秦国最强大,但它之所以不敢攻打赵国,是因为害怕韩国,赵国必须和齐、楚、燕、韩、魏联合起来,共同抵抗秦国。这样,秦国就不敢轻举妄动,您的霸业也就指日可待了!"

赵王被说得心服口服,也送给苏秦许多珠宝,派他去其他诸侯国游说。

苏秦先后来到韩国、魏国、齐国、楚国,成功地说服了各个诸侯。最后,他被六国推选为纵约长,并同时成为六国的相国,佩戴六国相印,一时间春风得意,历史上还从来没有一个人获得过如此殊荣!

当苏秦回到家乡洛阳时,被各个国家的使者前呼后拥,比帝王还要气派。就连周显王也跑出来迎接,生怕苏秦对他打击报复。

苏秦回到家里后,他的兄弟、妻子、嫂嫂恭恭敬敬地跪在地上,不敢抬头。苏秦笑着问嫂嫂:"以前,你们对我那样傲慢,现在怎么这么恭敬了呢?"

嫂嫂战战兢兢地回答说:"因为小叔您现在做了大官,有钱有势啊!"

听了这话,苏秦感慨地说:"同一个人,落魄的时候,连家人都嫌弃他;富贵了之后,亲戚朋友们都感到畏惧。可见,这个世界是多么重视权势和富贵啊!"

张仪连横，楚国吃亏

连横之计。

就在苏秦为了"合纵"奔走六国时，秦国的相国张仪却跟苏秦唱起了反调。他说，秦国太强大了，无论哪个国家，只有依赖秦国，跟秦国联盟，去对付其他国家才能取得胜利。这就是"连横"。

张仪和苏秦一样，出身寒微，也曾在鬼谷子先生门下学习。他知识渊博，口才也非常了得。齐、楚结成联盟之后，张仪请求去楚国把齐楚联盟拆散。秦王答应了。

公元前313年，张仪来到楚国，首先给楚王最宠信的大臣靳（jìn）尚等人送去了很多金银珠宝，这才去拜见楚怀王。他说："秦王非常欣赏您，特意派我来跟楚国结盟。只要楚国与齐国绝交，秦王愿意把商于（今河南淅川县西南）一带六百里的土地都划给楚国。您看怎么样？"

楚怀王本来就是个贪心鬼，一听秦国要送他六百里土地，乐得合不拢嘴，说："好好好，我马上去跟齐国绝交。"

这时，一个叫陈轸（zhěn）的大臣却说："秦国为什么要把六百里地送给楚国？还不是因为楚国跟齐国结盟！现在秦国不敢动咱们，就是因为有了齐国在。要是大王跟齐国绝交，秦国还会怕咱们吗？到时候，他们一定出尔反尔，不再把地给我们。如果秦国真打算给我们土地，我们可以派个人先去接收,等土地到手,再与齐国绝交也不迟!"三闾大夫屈原也支持陈轸的意见。

这时,靳尚站出来说:"你们说得轻巧,不跟齐国断交,秦国会把六百里地白白送给我们吗?天下没有免费的午餐!"

楚怀王一听觉得这话有理,一面跟齐国绝交,一面派人跟着张仪去秦国接收土地。

齐宣王见楚国与自己绝交,非常生气,马上与秦国结交,打算一同进攻楚国。

而这时,张仪也翻脸不认账了,他对楚国的使者说:"什么六百里地?只有六里土地,你们要的话就拿去吧。"

这不是打发叫花子吗?使者报告后,楚怀王气得直翻白眼,下令发兵10万攻打秦国。结果秦国和齐国联合起来,把楚国打得落花流水,楚国10万人马只剩了两三万,连汉中六百里土地也被秦国夺走了。

之后,张仪又前往其他四国进行游说,慢慢的,六国"合纵"联盟就被张仪拆散了。

(编者注:上面讲的苏秦和张仪的故事是《史记》中记载的。后来,在1972年发掘的马王堆汉墓的帛书中发现,《史记》的记载是错误的。张仪的年龄比苏秦要大几十岁,根本不是一个时代的人。)

六百里地没有,只有六里地。

穿胡人的衣服打仗

秦国在拼命地欺负楚国的时候,北方的赵国却在奋发图强。赵国地处北边,经常与北方游牧民族接触。

赵国的国君赵武灵王英明能干,一天,他对大臣楼缓说:"你瞧,咱们赵国东边有齐国、中山国;北边有燕国、东胡;西边有秦国、韩国和楼烦部落。赵国处在众多国家的包围中,如果不发展壮大,一定会被吞并掉。"

楼缓点点头说:"是啊,我们必须要壮大自己!"

赵武灵王郑重地说:"因此,我们必须得改革!你看,我们穿着长袍大褂,干活打仗都极不方便。而北方的胡人穿着窄袖短衣,脚上还蹬着皮靴,既灵活又方便。我想照着他们的样子,把我们的服装改一改,你看怎么样?"

楼缓赞成道:"好主意!我们先学他们怎么穿衣,再学他们怎么打仗!"

"对!"赵武灵王说,"我们打仗都靠步兵,和骑兵打起来太吃亏了。我们不仅要学他们的穿

着，也要像他们那样骑马射箭！"

赵武灵王要改革的消息一传出去，许多大臣都表示反对。

赵武灵王很郁闷，找到大臣肥义诉苦："大家都反对胡服骑射，怎么办呢？"

肥义说："大王既然要办大事，怎么能犹豫不决呢！既然大王觉得对国家有利，就放手去干好了！"

赵武灵王大受鼓舞，第二天就穿着胡人的服装上朝了。大臣们吓了一跳，觉得太丢脸了，都不愿意支持。尤其赵武灵王的叔叔公子成是个老顽固，一听说要改服装，马上装病不上朝了。

公子成的影响力很大，所以赵武灵王必须要说服他。赵武灵王亲自上门，不厌其烦地为叔叔讲解胡服骑射的好处，最后终于说服了叔叔，并送给他一套胡服。

大臣们一看公子成都穿起了胡服，也只好跟着穿了。没多久，胡服骑射的政策正式在全国推行。

后来，赵武灵王又亲自训练了一支强大的骑兵，陆续打败了周围几个国家，壮大了赵国的实力，使赵国成为了"战国七雄"之一。

燕昭王拜师，引来千里马

燕国在天下七雄中，势单力薄，经常受别的国家欺负，还曾一度被齐国灭了。

燕昭王继位后，一心想使国家强大起来。有人便向他推荐了一个叫郭隗（wěi）的贤人。燕昭王问郭隗："先生，您有什么合适的人才向我推荐吗？"

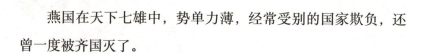

郭隗沉默了一会儿，说："我先给您讲个故事吧。"

"古时候，有个国王很想得到一匹千里马。有一天他打听到很远的地方有一匹千里马，就给了手下一千两黄金，要他把那匹千里马买回来。

可是，等手下走到那里时，千里马已经病死了。侍臣就花了五百两金子，把马骨买了回来。国君见了火冒三丈，说：'我要你买的是马，你把马骨买回来干什么？'

侍臣回答：'如果天下人听说您连死马都这么看重，还怕没人把活马送来吗？'

果然不到一年，人们纷纷从各地送来了许多匹千里马。"

郭隗又接着说："大王求贤的心，就跟国王爱马的心是一样的，不如，您拿我当马骨来试一试吧！"

燕昭王于是给郭隗造了个宫室，还拜他为师，对他恭恭敬敬。没过多久，各地很多有才干的人纷纷都来投奔燕国。几年后，燕国就慢慢强大起来了。

田单大摆火牛阵

公元前284年,燕国派大将乐毅去攻打齐国,在"复仇"的激励下,燕军接连攻下齐国七十多座城池。最后,齐国只剩下莒(jǔ)城和即墨两个地方了。

齐国派往即墨守城的将军叫田单。田单是个很了不起的将军,他带着大家抵抗燕兵,三年都未失守。

在这段时间里,一直很信任乐毅的燕昭王去世了。田单觉得这是个好机会,就派人去燕国到处散布流言,说乐毅一直想当齐王,现在燕国换了国君,他已经迫不及待了。

新登基的燕惠王本来就看乐毅不顺眼,听了谣言,就把乐毅打发走了,换骑劫去代替他。

骑劫一上任,田单又派了一些老百姓去城外谈论,说:"乐将军真是太好了,他对俘虏都是客客气气的,我们当然不怕他。要是燕国人把俘虏的鼻子都削去,我们哪还敢跟他们打仗!"

还有人说:"我们的祖坟还在城外呢,要是燕国人把我们的祖坟刨了,我们哪还有心思打仗呢!"

骑劫听后,真的把齐国俘虏的鼻子都削了,又把城外即墨人的祖坟给刨了。

即墨城里的人知道后,恨得咬牙切齿,纷纷向田单请求出城去跟燕兵拼命。

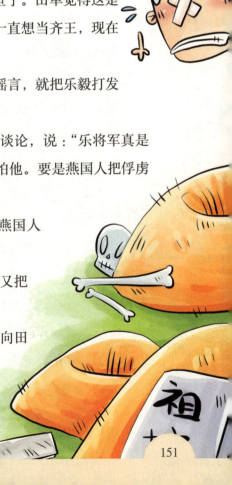

这还不算，田单又派了几个人装扮成富翁，偷偷给骑劫送去一大堆金银财宝，说："城里已经断粮了，过不了几天就会投降，请你们进城的时候，不要伤害我们的家人。"

骑劫得意极了，于是一心一意等着即墨人投降。

而与此同时，田单挑选了一千多头牛，在它们身上披了一块块大红大绿的被子，上面画满了稀奇古怪的花纹，还在牛角上捆了尖刀，尾巴上系了一捆浸透了油的芦苇。

天一黑，田单就命人凿开城墙，把牛尾巴点燃，让牛群冲了出去。紧随火牛阵后面的，是5000名心怀仇恨的齐国士兵。

燕国士兵从睡梦惊醒后，只见到处火光冲天，成百上千头怪兽在军营里横冲直撞，吓得待在那里一动不敢动。被撞死、砍死甚至踩死的人不计其数，就连骑劫也没能幸免于难。

从那以后，齐国正式吹响了反攻的号角，最后终于收回了被占领的70座城市，但从此元气大伤。

蔺相如完璧归赵

公元前283年,秦昭王听说赵国有一块珍贵的"和氏璧",就写了一封信给赵王,说愿意用十五座城池来交换。

赵惠文王怕上秦国的当,就在大臣的推荐下,找一个叫蔺(lìn)相如的人商量。

蔺相如想了想,说:"秦国拿出十五座城池来换一块玉璧,是很公平的。如果大王不同意,就错在赵国,秦国一定会出兵攻打我们;但如果大王将和氏璧送去后,秦国却不给城池,就是秦国理亏,到时候他们必定会受到天下人的指责。"

赵惠文王问:"可秦国要是不守信用怎么办?"

蔺相如说:"大王不用担心,我亲自护送和氏璧去秦国。到时候,秦国如果愿意给赵国十五座城池,我就把和氏璧给他;如果不愿意,我就把璧完完整整地带回来。"

就这样,蔺相如带着和氏璧到了咸阳,献给了秦昭王。秦昭王对和氏璧喜爱极了,看了又看,摸了又摸,还递给妃子和大臣们传看。

蔺相如见他们只顾着欣赏和夸赞和氏璧,绝口不提给赵国十五座城池的事,顿时明白,秦王果然不是有心拿城换璧。于是,他走上前对秦昭王说:"大王,这块璧虽然是个无价之宝,但它也有个小毛病,我指给您看看。"

秦昭王信以为真,就把和氏璧交还给蔺相如。

谁知蔺相如一拿到璧,就拿着它退到一根柱子前,愤怒地说道:"赵

王真心诚意地让我把和氏璧送过来,可您却一句都不提交换城池的事。我看您是只想要璧,不想给城池吧!现在玉璧在我手上,如果你一定要逼我交出和氏璧,我宁可将自己的脑袋和璧一同砸碎在柱子上!"

说完,他举起和氏璧,对着柱子砸过去!秦昭王忙叫人拉住他,说:"哎呀,先生你误会了,我怎么会说话不算数呢?来人,将地图呈上来,我把这十五城池指给先生看。"

蔺相如此时已经不相信秦王了,他说:"和氏璧是件有灵气的宝贝,赵王在送璧之前,特意斋戒了五天。大王您要是有诚意,也应当斋戒五天。"秦昭王只好点头答应。

当天夜里,蔺相如就叫随从化装成一个商人,把和氏璧偷偷地带回赵国去了。秦昭王本来就没想拿十五座城池换璧,又不想伤了两国的和气,也只好放蔺相如回赵国去了。

蔺相如回国后,得到赵王赏识,很快就被提拔为赵国的上大夫。

是我心眼太小了

编辑老师：

你们好！

我是赵国的一员大将。蔺相如完璧归赵后不久，秦王又想耍花招，请我们大王（赵惠文王）去渑（miǎn）池喝酒。宴会上，秦王为了羞辱大王，要他鼓瑟。大王不好拒绝，就弹了一曲。可恶的是，秦王竟然叫史官把这件事记下来了：某年某月某日，赵王为秦王弹了个曲……

幸好蔺相如机智，走到秦王身边，逼秦王为大王击缶（fǒu），总算挽回了一些面子。

从渑池回来，大王就拜蔺相如为上卿，地位比我还高。当时，我很不服气，扬言要给蔺相如一些厉害瞧瞧。

谁知蔺相如听了这话后，老是躲着我。刚开始，我还以为他怕我呢，后来才知道，他告诉身边的人，他连秦王都不怕，怎么会怕我呢？而秦国之所以不敢侵犯赵国，正是因为有他和我在。如果他和我闹了矛盾，那不是给秦国机会吗？

听了这话，我真是惭愧啊！与蔺相如相比，我的心眼也太小了。

廉颇

廉颇将军：

您好！

是人都会犯错，而您的这种敢于认错的态度，很值得我们学习。既然您觉得惭愧，那就去跟蔺相如道歉吧。我们相信，他一定很乐意原谅您。

报社编辑

（后来，廉颇脱掉上衣，背着荆条，去向蔺相如请罪了，两个人终于成了好朋友。这就是"负荆请罪"这个成语的由来。）

鸡鸣狗盗也有大用途

为了对付越来越强大的秦国，各国贵族纷纷招揽各种人才，将他们养在家里，为自己效力。这种人叫门客，也叫做食客。

养门客最多的是魏国的信陵君、赵国的平原君、楚国的春申君和齐国的孟尝君这四位公子（史称战国四公子）。据说孟尝君门下养了三千多个食客。对于这些人，他都不分贵贱，一视同仁，有才能的就让他们各尽其能，没有才能的也提供食宿。

有一次，孟尝君带门客们出使秦国，给秦昭王献上一件白狐皮裘（qiú）作见面礼。秦昭王早就听说他贤能，就想把他"挖"过来，做秦国宰相。

有人劝秦昭王说："孟尝君是齐宣王的弟弟，在齐国有封地，有家人，怎么会真心为秦国办事呢？"

秦昭王想了想，就说："那我把他放回去吧！"

大臣们又反对，说："孟尝君在咸阳待了一段时间，已经把秦国的老底摸得差不多了，这时让他回去，对秦国也不利。"

秦昭王觉得有理，就决定把孟尝君软禁起来。

孟尝君十分着急，于是派人去

八卦驿站

向秦昭王最宠爱的妃子求救。那个妃子却说："叫我跟大王求情也不难，但我想要一件白狐皮裘做报酬。"

可狐皮裘已经献给秦昭王了，怎么办呢？这时，他的一个门客说话了："不用担心，我能把那件白狐皮裘偷出来。"

当天晚上，这个门客就偷偷地溜进了宫里，神不知鬼不觉地把那件白狐皮裘偷了出来。

妃子得到白狐皮裘后，心花怒放，就劝秦昭王把孟尝君放了。秦昭王果然同意了，并准备过两天送他回齐国。

孟尝君可不敢等两天，带着手下人连夜就收拾行李跑路，半夜的时候，逃到了秦国的东大门——函谷关。可是，按照规矩，秦国的城门每天鸡叫才开门，现在是半夜，鸡怎么会叫呢？

这时，又有一个门客站了出来，说："别怕，看我的。"说完就发出了"喔喔喔"的公鸡啼鸣。他学得像模像样，把全城的公鸡都引得叫了起来。守城的卫兵一听，以为天亮了，就打开了城门。等秦昭王派人追过来的时候，他们早已出了关。

靠着这些"鸡鸣狗盗"之士，孟尝君终于顺利地逃回了齐国。

喔喔喔！

我们的饭碗都被抢走了！

百 姓 茶 馆

谋士可可

听说，孟尝君每次和宾客谈话，都会安排一个人站在屏风后面，把他们的对话一字不漏地记录下来。宾客住在哪里，家里有哪些人，也一同记录下来。宾客走后，孟尝君就根据记录下来的地址，去那个人的家里慰问，送上礼品。

布商小欢

听说还有一次，孟尝君招待宾客吃晚饭，有人不小心把灯挡住了，桌子上的饭啊，菜啊，都看不清。有个宾客就生气了，以为别人吃的比自己的好，把碗一放就要走。孟尝君赶紧拉住他，端着自己的饭过来让他看，结果并没有什么不同。那个宾客羞愧极了，就拔剑自杀了。

菜农阿大

不过，孟尝君这人也有点儿可怕。我听说有一次他经过赵国，赵国的人听说孟尝君来了，都跑出来看，看完后失望地说："我们原以为孟尝君是个魁梧的大丈夫，没想到只是个瘦小的男人。"孟尝君一听就火了，和随行的人一起跳下马车，当场杀了好几百个人呢。

159

名人有约

身份：楚国爱国诗人

大：大嘴记者　**屈**：屈原

大：屈原先生您好！听说，您学识广博，口才好，记忆力也超强，曾经很受楚怀王的信任？

屈：是呀，那时候，我经常接待外国的使者，和怀王一同讨论国家大事。

大：既然这样，那后来楚怀王为什么要将您贬官呢？

屈：唉，还不是小人作乱！有一次，怀王让我制定法令，我刚打完草稿，上官大夫就跑过来，想侵占我的劳动成果。我当然不肯给了，结果，他就跑到怀王面前说我坏话。

大：他说您什么？

屈：他说，我每制定一条法令，都会夸自己一句："这条法令除了我，谁也制定不出来。"怀王糊涂，竟然相信了他的话，就对我疏远了，后来，他干脆把我贬到边远地区去了。

大：我想，上官大夫一定是嫉妒您的才华。

屈：什么原因都不重要，现在，怀王早已经死了，新大王（楚顷襄王）上任后，又把我流放了。

名人有约

大：……您心里一定很难过吧，您难过的时候会做些什么呢？

屈：写写诗歌什么的，像《离骚》啊，《九章》啊，《天问》啊，等等，都是我在流放期间写的。

大：哇，这些都是很了不起的诗歌啊！

屈：可是又有什么用呢？刚才，我在江边遇到一个渔夫，他问我到这里来干什么，我说，全天下都是污浊的，只有我是干净的；全天下人都喝醉了，只有我是清醒的。所以我被流放了。

大：您说得没错呀！

屈：渔夫又问，既然天下都是污浊的，那我为什么不随波逐流呢？既然天下人都喝醉了，那我为什么不跟着一起醉呢？

大：对呀，这是为什么呢？

屈：刚洗过头的人，一定会弹掉帽子上的灰尘；刚洗过澡的人，一定会拂掉身上的尘土。我全身上下清清白白的，为什么要被外界玷（diàn）污？我宁愿跳进这汨（mì）罗江，让鱼虾吃掉我的身体，也不愿意使我的品德蒙受灰尘！

大：您可千万不要想不开啊！

屈：你就别再劝我了。再见了，记者！再见了，这个污浊的世界！

（最终，屈原抱着一块大石头，沉江自杀了。他死的那天刚好是五月初五，后来，每年的这一天，人们都会吃粽子、划龙舟，以此来纪念屈原。这就是端午节的由来。）

广 告 铺

求搬家建议

为了给孟子一个良好的成长环境，孟子的母亲一连搬了三次家，从墓地旁搬到闹市，又搬到学校附近。最终，孟子才成了和孔子一样的大思想家、大教育家。我也想给儿子提供一个好的生活环境，但不知搬到哪里好，有人能给我提个意见吗？

董夫人

出售《论语》和《孟子》

孔子的弟子，以及再传弟子根据孔子和他弟子的言行，编了一本书叫《论语》。如今，孟子和他的弟子也编了一本书，叫《孟子》。这两本书都是儒家经典著作，爱好儒学的朋友，快来购买吧。

万卷书屋

大家都来称大王

为了对抗齐、秦、楚的联合，魏、赵、韩、燕、中山五国将于公元前223年在啮（niè）桑（今江苏省沛县西南）发起"五国相王"大会。大会由公孙衍主持，大家互相承认为王，组成联合阵线。也就是说，从今天起，大家都有资格称"王"了。特此向天下百姓公告。

相王大会筹备会

智者第❸关

1. 晋国被谁瓜分了?
2. 云梯是谁发明的?
3. 魏国与孙武齐名的将领是谁?他写了一本什么书?
4. 秦孝公时期,谁进行了变法?
5. 商鞅变法时,废除了旧田制吗?
6. 商鞅最后的结局怎么样?
7. 是谁陷害了孙膑,使他的膝盖骨被挖?
8. 最后,庞涓死在了谁的手下?
9. 合纵是什么意思?是谁提出来的?
10. 连横是什么意思?是谁提出来的?
11. 田单摆了个什么阵,挽救了齐国的命运?
12. "完璧归赵"说的是谁?
13. "负荆请罪"说的是哪两个人之间的故事?

智者无敌 王者为大

第❿期

〖公元前271年—公元前256年〗

长平之战

穿越必读▶

　　根据范雎（jū）的"远交近攻"策略，秦国稳住远方的齐国后，率先攻打韩国、赵国。在长平之战中，秦将白起坑杀40万赵军，使赵国遭受了毁灭性的打击，大大加快了秦国统一天下的进程。同时，长平之战也是我国历史上最早、规模最大的一场包围歼灭战。

贤士范雎无人理
——来自秦都咸阳的加密快报

公元前271年，秦国使者出使魏国时，带回一个人。

据说这个人叫张禄（据调查，他的真名叫范雎），是魏国人，曾想为魏国建功立业，但因为他家太穷了，连魏王的面都见不着，甚至遭到魏国大夫须贾的迫害，不得不隐姓埋名，来到秦国。

来自咸阳的加密快报！

大家都说他是一个极有才华的人，还说齐襄王为了得到他，甚至出过一百两黄金。然而，当他主动来到秦国后，等了一年多，秦王却对他不理不睬。这是为什么呢？

原因很简单，因为现在秦国的大权实际在宣太后以及她的兄弟穰（ráng）侯魏冉的手中。魏冉任用白起为将军，打了不少胜仗，极为风光。秦昭王没有什么实权，因此想要见到他，并不容易。

那范雎会心甘情愿地被埋没吗？当然不，当他听说魏冉为了扩大自己的地盘，举兵跨过韩国、魏国，去攻打齐国时，便马上给秦昭王写了封信。

这封信能够帮他打开秦宫的大门，把他带到秦王面前吗？

远交近攻，范雎献良策

秦昭王看到范雎的信后，大喜，果然答应接见他。

这天，范雎应邀进入秦宫，故意闯进了秦宫的禁地，半路碰见了秦昭王的马车，也不避让。

驾车的人呵斥道："快点让开，没看见大王来了吗？"

范雎却说："什么，秦国有大王吗？我只听说秦国有太后和穰侯，没听说有大王啊。"

这句话，刚好说到了秦昭王的痛处。秦昭王听出了弦外之音，赶紧下车，这才知道是给他写信的人，于是将范雎恭恭敬敬地请到了宫内密室中。

范雎见秦昭王确实很有诚意，就说："大王，秦国有雄兵百万，战车千乘，天下没有哪个国家有这么强大的实力，可为什么这十多年来，都没什么作为呢？"

"为什么呢？"秦昭王赶紧问道。

范雎回答说："这是因为秦国一会儿跟这个诸侯结盟，一会儿跟那个诸侯打仗。听说你最近又上了穰侯的当，发兵去攻打齐国。"

"这有什么问题吗？"

范雎答道:"齐国离秦国这么远,中间还隔着魏国、韩国。要是派出去的兵马少了,也许就会被齐国打败,被其他诸侯嘲笑;派去的兵马多了,国内也许就会出乱子。就算是打赢了,齐国又不能跟秦国连接起来,以后怎么管呢?我看,最好是采用'远交近攻'的办法,先稳住齐国、楚国这些远一点儿的国家,再向近一点的国家进攻。离着远的国家因为跟我们有交情,就不会管我们的闲事。近一点儿的国家打下来,不就是我们秦国的地盘了吗?等魏国、韩国这些小国打下来后,还怕齐国、楚国打不下来吗?"

秦昭王听了,忍不住拍手叫好,说:"就按您说的办。这么一来,秦国要统一中原,就不是什么难事了!"他马上把攻打齐国的兵撤了回来。

几年后,秦昭王又撤了魏冉的职,剥夺了太后的权力,正式拜范雎为相。

(在范雎这种"远交近攻"的策略下,秦国击破了其余六国的合纵势力,扩大了疆土,为后来秦始皇统一中国奠定了良好的基础。)

赵括纸上谈兵，葬送40万大军

公元前262年，秦昭王派大将白起向韩国的上党（在今山西省长治市）发动进攻。上党的韩国守军孤立无援，便将上党献给了赵国，希望能促进赵国、韩国联手，共同抗秦。

目光短浅的赵王接受了上党，引起了秦国的极大不满。不到两年，秦国又派王齕（hé）带兵占领了上党。

赵王命廉颇率20万大军前去阻击。廉颇于是吩咐将士们在长平就地扎营，每天不是修堡垒，就是挖壕沟，任凭王齕在城外怎么叫阵都不理。

王齕没办法，就给秦昭王写了一封信，说："廉颇这个老狐狸，怎么都不肯出来打仗。这样下去，恐怕我们的粮草会接济不上啊！"

秦昭王问范雎怎么办。范雎想了想，说："廉颇有智有谋，要想速战速决，必须让他们更换主将才行。"

于是，范雎派了个间谍，用千金买通赵王左右的人，到处散播谣言说："秦军谁也不怕，就怕赵括！廉颇老了，被秦军打得都不敢出战了！"

赵括是名将赵奢的儿子，从小就喜欢读兵书，说起行军打仗来，头头是道，连赵奢也难不倒他。

赵王信以为真，便立刻派赵括去取代廉颇。

天下风云

> 别急，兵书上说……

蔺相如知道后，跑过来劝谏说："大王，赵括虽然名气很大，可从来没有带兵打过仗。而且他只会纸上谈兵，不懂灵活运用，决不能担任大将。"赵王根本不听。

公元前260年，赵括领着20万大军来到长平，接替了廉颇的位置。他一上任，就改变了廉颇的战略防御方针，让40万大军准备进攻。

而秦国这边呢，见赵国中计，就悄悄派骁（xiāo）勇善战的白起去指挥秦军。

白起先是故意打了几场败仗，假装逃跑。赵括大喜，率兵穷追不舍。当赵军进入秦军的埋伏圈后，立即被秦军重重包围。

四十多天后，赵军弹尽粮绝，士兵们甚至到了自相残杀的地步。赵括迫不得已，亲自组织了四支敢死队，希望杀出一条血路突出重围，却被秦军的乱箭击退。赵括本人也被射成了刺猬。

主将一死，赵军哪还有心思打仗，纷纷丢下武器投降。40万赵军全军覆没。秦国最强的对手——赵国从此一蹶不振。

百姓茶馆

朴锅匠小汤：天啦，你们听说了没有，赵国的40万降军全部被白起活埋了！都说"不杀降"，白起这还是人吗？

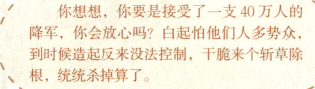
剑客阿牛：你想想，你要是接受了一支40万人的降军，你会放心吗？白起怕他们人多势众，到时候造起反来没法控制，干脆来个斩草除根，统统杀掉算了。

某门客：长平之战后，赵国能打仗的男人都死得差不多了，只剩下一些老幼妇孺，怎么保卫赵国呢？我看啊，赵国离灭亡也不远了。

某工匠：赵国原本是秦国的一个强劲对手，现在赵国不行了，六国的势力也被削弱了不少。我看，离秦国统一天下也不远啦！

毛遂自荐，轻松说服楚王

公元前258年，白起率兵包围了赵国的都城邯郸（hán dān），赵国岌（jí）岌可危。赵王赶紧派平原君去向楚国求救。平原君决定带二十个文武双全的门客一起去，可他挑来挑去，只挑中十九个。

这时，一个叫毛遂的人主动走上前，对平原君说："我叫毛遂，是您的一个门客。听说您要去楚国签订'合纵'盟约，还差一个人，不如就拿我凑数吧。"

平原君看了看毛遂，发现这人自己以前从来没见过，就问："你到我门下有几年了？"

毛遂回答说："三年了。"

171

平原君摇摇头,说:"我听说有才能的人在世界上,就像锥子放进口袋里,时时刻刻都会冒尖。你来到我府上三年,我却不认识你,可见你并没有什么才能。"

毛遂却大声说道:"那是因为你没有把我放进口袋里。如果你早把我放进口袋的话,岂止是冒尖,我整个锋芒都会露出来了!"

毛遂的这番话,将周围的人逗得哈哈大笑。平原君想,这个人也许真有些本事呢,于是带他一起去了楚国。

平原君和楚考烈王谈判的时候,门客都在外面等着。他们从早上一直谈到中午,还是没有结果。毛遂知道,楚考烈王肯定是不想出兵,于是拿起宝剑,冲了进去。

楚考烈王吓了一跳,问平原君:"这是什么人?"

平原君回答说:"这是我的一个门客。"

楚考烈王生气地对毛遂说:"我和你的主人说话,哪轮得到你来多嘴?还不下去!"

毛遂却平静地说:"现在,我离你只有十步,你的性命都在我手里,我怕你干什么!楚国原本是中原的大国,可是秦国一兴起,楚国就接连吃败仗,连国君都被抓走了,死在了秦国。这种耻辱,连我们赵国都看不下去了,难道大王你就不想雪耻吗?今天,我们来楚国签订'合纵'盟约,不仅仅是为了赵国,也是为了楚国啊。"

楚考烈王听了,脸红得跟猴屁股似的,连连点头,说:"说得好,说得好!"

毛遂趁热打铁,问:"那合纵的事就这样定了吗?"

"定了,定了。"楚考烈王赶紧回答,并答应立刻发兵,援救赵国。

回到赵国后,平原君感慨地说:"先生的三寸不烂之舌,比百万大军还厉害呀。"于是,将毛遂当做上等宾客看待。

救赵还是不救赵？

编辑老师：

你们好！

前一段时间，赵国的都城邯郸被秦军包围了，赵王向我们魏国求救。于是，我派大将晋鄙领着10万大军，前去营救赵国。

谁知，秦王知道后，叫人放出话来说："邯郸迟早被我们打下来，谁敢去救，等我收拾完赵国，第一个就打它！"

我想了想，还是不要得罪秦国好了，可是，我也不敢得罪赵国呀。没办法，我只好给晋鄙下了一道命令，让他就地扎营，看看情况再说。

现在，晋鄙已经将军队驻扎在邺城（今河北省临漳县西南）。我进又不敢让他们进，退又不敢让他们退，你们说，我该怎么办好呢？

噢，还有，我听说楚国已经派兵来援救赵国了，就算我们魏国不出兵，应该也没多大关系吧。

魏安厘王

魏王：

您好！

我们很理解您的心情，夹在两个大国之间，您一定很为难。我们也不敢贸然替您出主意，不过我们相信，船到桥头自然直。说不定，您的哪位大臣会偷了您的兵符，替您去营救赵国呢。哈哈，开玩笑啦，还是顺其自然吧。

偷来兵符救赵国

大王，再来一杯！

赵王见魏军进又不进，退又不退，不知道搞什么名堂，心里急得要命，就叫平原君给魏国的信陵君写信，让他帮忙。

信陵君的姐姐是平原君的老婆，所以这个忙，信陵君肯定是要帮的。可是，信陵君在魏王面前把口水都说干了，魏王还是不肯出兵。信陵君一气之下，跑回来对门客说："大王不出兵，我们就自己去救赵国，大不了死在战场上！"

于是，信陵君带着门客和一百多辆战车，"浩浩荡荡"地出发了。路上，他遇到了门客侯生，侯生对他说："公子，您努力吧，我就不去了。"

信陵君听了，心里很不是滋味。他一边继续前进，一边想："我可从来没有亏待过侯生啊。现在我要战死了，他连句送别的话都没有，难道是我做错了什么吗？"

想到这里，信陵君立刻调转马头，回去问侯生原因。侯生笑着说："我就知道公子会回来的。公子就这样去和秦军拼命，不是把一块肥肉送到老虎嘴里吗？"

信陵君赶紧问："那要怎么办呢？"

侯生支开旁边的人，悄悄地说："我听说，兵符就在大王的卧室里。大王有一个宠爱的妃子叫如姬，她的父亲被人杀了，如姬想让大王给她报

仇,可找了三年,都没找到仇人。后来,还是公子您替她报了仇。如姬非常感激您,只是一直找不到机会报答。如果您求她替您把兵符偷出来,她一定会答应的。"

信陵君听了,立刻派人去请求如姬,如姬果然帮信陵君偷来了兵符。

信陵君高高兴兴地拿着兵符,正准备启程,侯生却拦住他说:"将军在外面打仗,国君的命令是可以不接受的。如果晋鄙不肯将兵权交给您,要向大王请示,那事情就败露了。我有一个朋友叫朱亥(hài),是个屠夫,为人很仗义。您将他带上,如果晋鄙不听话,就让朱亥把他杀掉!"

于是,信陵君带着朱亥出发了。到了邺城,晋鄙果然对信陵君产生了怀疑。朱亥拿出一个40斤的大铁锤,一锤下去,就把晋鄙砸得脑浆直流,当场死了。

信陵君选出8万名精兵,和平原君里应外合,终于把秦军打得狼狈而逃。这时,楚国的春申君还在观望呢,他一听秦军被打跑了,就领着楚军回去了。

爱妃,我没醉。

"可怕"的信陵君

大家都知道,信陵君名叫无忌,是魏昭王最小的儿子。他和孟尝君一样,都是出了名的礼贤下士之人。方圆几千里的人,听说信陵君的贤明后,都跑来投奔他。他门下的宾客最多的时候,多达三千人。正因为这样,周围的诸侯十几年都不敢攻打魏国。

有一次,信陵君和魏王正在下棋,下着下着,突然有人慌慌张张地跑进来,说:"大王,不好啦,北方燃起了烽火,赵国要来攻打咱们啦!"

魏王吓了一跳,把手里的棋子一扔,就要召集大臣,商量抵抗赵国的事。

信陵君却拦住他,说:"大王,不用惊慌,那只是赵王打猎的队伍。"

于是魏王坐下来,继续下棋。不一会儿,果然有人进来报告:"大王,搞错了,那是赵王打猎的队伍,不是来攻打咱们的。"

魏王觉得奇怪极了,问信陵君:"你是怎么知道的?"

信陵君回答说:"我有个门客,专门探查赵王的秘密。赵王的一举一动,都逃不过我的眼睛。"

魏王听了,又是佩服,又是害怕,生怕信陵君对自己也来这一招,从那以后,再也不敢把国家大事交给他来管了。

名人有约

身份：平原君

大：大嘴记者　**赵**：赵胜

大：平原君，您好！听说，您侍奉过两代赵王（赵惠文王和赵孝成王），多次担任宰相，曾经三次离职，又三次官复原职，是吗？

赵：哈哈，在官场上，起起伏伏是很正常的嘛。

大：请问，您门下有多少名门客？

赵：几千人吧。

大：哇，这么多人，您是怎么做到的？

赵：我给你讲一个故事吧。我家对面有幢民宅，里面住了个跛子。跛子总是一瘸一拐地出来打水。有一次，我的一个小妾看见了，忍不住哈哈大笑。跛子听见了，就找到我，要我杀了这个小妾。他还说，大家之所以不远千里地来投奔我，就是因为我看重人才而轻视姬妾。

大：啊，那您答应了吗？

赵：我答应倒是答应了，不过，我才不会因为这么点儿小事，就杀掉自己的爱妾呢，所以，我根本就没把他的话当一回事。

大：后来呢？一定还有故事吧。

赵：后来，我发现门客陆陆续续都走了，一年多后，竟然走了一大半。我实在想不通这是为什么，就问道，我赵胜对你们并没有失礼的地方，你们为什么要离开我呢？一个门客告诉我，因为我没有杀嘲笑跛子的小妾，大家都认为我是个重美色而轻人才的人，所以都不愿意跟着我了。

大：后来，您就把小妾杀了？
赵：对呀，我把她的头砍下来，亲自送给了那个跛子。没过多久，那些门客又都回来了。

大：听说，您和名将赵奢之间有过一段有趣的故事？
赵：呵呵，说来有些惭愧。事情是这样的，那时候，赵奢还只是个管税务的小官。不过，他执法很严明，什么人都敢得罪。

大：所以，他就"得罪"您了？
赵：哈哈，可以这么说。我们家家大业大，要交的税很多，当然，想逃税的手下也不少。赵奢一看收不到税，急了，就把我那9个逃税的手下给砍了！

大：他胆子可真够大的，您跟他也急了吧？
赵：是呀，当时，我被他气得差点儿吐血，他却跟我讲了一番大道理，说，正因为我地位高，所以更不应该纵容手下人违法。如果我的手下人违法，那大家都会违法；大家都违法了，赵国的国力就会削弱；赵国的国力削弱了，别国就会趁机侵犯我们；别国侵犯我们，赵国就会灭亡；赵国灭亡了，那我哪里还有荣华富贵呢……

大：哇，想不到赵奢不但是一代名将，而且口才也这么好！连我也被他的一番话说得是心服口服啊。啊，时间到了，今天的采访到此结束吧！

广 告 铺

敢死队召集令

　　长平一战，40万赵国同胞全军覆没。痛定思痛，为保卫家园，本人想组织一支3000多人的敢死队，我将把我所有的家产用作军费，我的妻儿也愿意为各位将士们缝补军衣。

　　邯郸百姓若有人愿意加入敢死队，与我一起誓报那血海深仇，请与我携起手来，共同对抗残暴的秦军！

平原君赵胜

信陵君的公告

　　本人擅自拿走大王的兵符（其实是偷），前去营救赵国，我知道自己犯了滔天大罪，不敢请求大王的原谅。所以，我决定留在赵国不回去了。愿意追随我的人，可以继续追随我；不愿意追随我的人，我也不怪你们。

　　特此公告。

信陵君

罪己书

　　我自带兵以来，从最低级的武官升到武安君，共经历战争70多场，歼灭敌人160多万（战国期间共战死200多万人），自认为没有对不起秦国。

　　但我确实罪孽深重，仅长平一战，就活埋了数十万人，所以违抗君令，不愿再次攻打赵国。如今我没有死在敌人手里，没有死在战场上，而是被自己人范雎嫉恨，被君主赐死，这也是我的报应。

白起

第⑪期

〚公元前256年—公元前227年〛

乱世商人吕不韦

吕不韦是战国末年著名的商人，也是一位眼光独到的政治家。在乱世中，他积累起千万家产，帮助窝囊的秦庄襄王登上王位，从而获得了秦国丞相的位置，使自己名传千古。此外，他组织门客编写了《吕氏春秋》，是杂家思想的代表人物。

穿越必读

商人居然变丞相

——来自咸阳的加密快报

公元前251年，做了56年皇帝的秦昭王驾崩，53岁的安国君（史称秦孝文王）喜滋滋地登上了皇位。是啊，熬白了头才熬到这一天，换谁都会欣喜若狂的。

可是，安国君不知是高兴过了头，还是一下子临朝没适应，王位只坐了一年多，就紧跟父亲去了阴曹地府。

这样一来，太子异人就马上升了级（即秦庄襄王）。说起来，这个安国君有二十多个儿子，异人是其中很不显眼的一个，因为他的母亲夏姬很不受宠。所以，当年秦国为了与赵国结盟，交换人质时，异人第一个就被送了出去。

可后来，安国君却一反常态，突然任命远在赵国的异人为太子，实在蹊跷。

更为蹊跷的是，秦庄襄王一即位，就任命吕不韦为秦国的丞相。诏令一下，举国震惊，吕不韦不过是个商人。这个商人是如何摇身一变，成了秦国的丞相呢？

来自咸阳的加密快报！

揭秘吕不韦的丞相之路

由于秦国老是攻打赵国,异人在赵国作人质时,日子很不好过,有时候连饭都吃不饱。

本来他跟吕不韦没有任何关系。因为吕不韦只是个地位低下的商人,靠着低价买进,高价卖出,往来各地,才积累万贯家财。而异人再落魄,也是个贵族公子。

但命运就是这么奇特。有一次,吕不韦到邯郸去做生意,偶尔看到了异人,觉得他气度不凡,很是喜欢,于是笑着对人说,异人是"奇货可居",可以囤(tún)积起来,以后高价售出。

没两天,吕不韦就带着丰厚的礼品,去拜访异人,并对他说:"我能光大你的门庭。"

异人笑了:"你先光大自己的门庭,再来光大我的吧。"

吕不韦说:"你不懂啊,我的门庭要等你光大后,才能光大啊!"

异人听出他话里有话,赶紧拉他坐下详谈。

吕不韦说:"你的父亲安国君是太子,迟早要继承王位。我听说,他非常宠爱华阳夫人,可是,华阳夫人却没有儿子。如果你能讨得华阳夫人的欢心,将来就可能被立为太子。"

异人一听有戏,赶紧追问:"那我该怎么办?"

吕不韦说:"我愿意拿出一千两金子,去秦国为你当说客。"

异人立刻叩头拜谢,说:"我要是成了秦国的大王,一定与你共享秦

国的土地。"

于是，吕不韦拿出五百两金子，给异人做生活费；又拿出五百两金子，买了一些珍奇宝物，去秦国求见华阳夫人。

华阳夫人也担心自己没有儿子，年老色衰后，失去国君的宠爱后，一无所靠，听吕不韦说异人聪明贤能，朋友遍及天下，还把她看作天一样，非常高兴。安国君见华阳夫人这么喜欢异人，就把异人立为太子。

公元前257年，邯郸被秦国包围，赵国人想杀了异人。吕不韦又拿出六百两金子，买通了守城的官员，带着异人逃回了秦国。

如今，异人顺利地当上了秦王（即秦庄襄王），为了感谢吕不韦的倾囊相助，就把丞相的位置给了他，同时还封他为文信侯。而百官当中，还从来没有一个人能集官、爵最高等级于一身。

吕不韦十几年的"投资"，终于获得了丰厚的"回报"。

吕不韦名扬天下

秦庄襄王也是个短命鬼，即位三年后就去世了。公元前246年，13岁的嬴政继承了王位。嬴政对吕不韦非常尊敬，称他为"仲父"，意思是将他当成了自己的父亲。

这时，秦国在吕不韦的治理下，逐步稳定发展。吕不韦见"四君子"都有上千门客，心想：秦国如此强大，这方面可不能被他们比下去，于是广招天下贤士。由于待遇优厚，没多久，他的门客就有了三千人。

不过，吕不韦不太看得起四肢发达、头脑简单的人，而是看重有文才的人。这是为什么呢？因为当时很多有文才的人都纷纷写书，不但天下闻名，还可以名传千古。

于是，他组织这些门客编了一本书，起名为《吕氏春秋》。编完后，他叫人把它挂在城门上，宣布说："谁要是能增添一个字，或者删减一个字，我就赏他一千两金子！"这样一来，《吕氏春秋》和他的名气就传遍了天下。

嬴政渐渐长大后，在他22岁那年，宫里发生了一起叛乱，牵连到吕不韦。秦王嬴政于是便将吕不韦撤了职，赶出了都城，并遣送到河南的封地。

不过，吕不韦的名气太大了，即使回到河南，各国使者还是络绎不绝。嬴政害怕他势力大了要造反，就把他发配到蜀地去，还写了一封信斥责他。

吕不韦看了信，心灰意冷，喝了一杯毒酒后自尽了。

外国人都是间谍吗？

前不久（公元前 246 年），一个叫郑国的韩国人来到秦国，游说秦国在泾水和洛水之间修建一条灌溉渠道（即郑国渠），说这样可以大力发展秦国农业，结果被人发现，他的真实目的是想借机耗费秦国的实力。

大臣纷纷上奏说："那些从其他国家来的人，都不是真心侍奉大王的。他们只忠于自己的国家，来秦国的目的只有一个，那就是做间谍！请大王把他们都赶走吧！"

于是，嬴政下了一道"逐客令"，要把那些不是秦国人的官员，统统赶出秦国。其中有个叫李斯的楚国人，也在被赶的行列。

李斯是荀子的学生，年轻的时候在楚国当了一个小官。有一次，他去上厕所，发现茅厕里有不少老鼠。这些老鼠又瘦又小，正偷偷摸摸地吃地上的脏东西，一看有人来了，吓得一溜烟逃跑了。

后来，李斯又去粮仓查看。他走进去一瞧，嗬，好家伙，粮仓里也有不少老鼠。不过，这些老鼠一个个吃得圆鼓鼓的，看见人来了也不怕，好像它们才是仓库的主人似的。

李斯不禁感慨地说："一个人能不能出人头地，就像这老鼠一样，得看它是在茅厕里，还是在粮仓里啊！"

于是，李斯跟着荀子发奋学习治理天下的道理，终于学有所成。他想了想，觉得跟随楚王没什么前途，只有秦国最强大，于是来到秦国做官，没想到，官没做上几年，如今却要被嬴政赶走了。

李斯很不服气,临走前给嬴政写了一封奏章,说:"以前,秦穆公任用百里奚、蹇叔,最终当上了霸主;秦孝公任用商鞅变法,使秦国变得更加强大;秦惠文王任用张仪,拆散了六国的联盟;秦昭王任用范雎,提高了秦国的声望。这四位先王,哪一位不是依靠外人建功立业?而您却要把外人赶走,这不是帮助敌国增强实力吗?"

郑国也对秦王说:"杀掉我没什么,工程半途而废,才是秦国真正的损失。"

秦王政权衡利弊,最后取消了逐客令。十年后,郑国渠修建成功,关中成为天下粮仓。

而在李斯的辅助下,秦王政广泛搜罗人才,训练军队,同时有计划地离间各国君臣的关系,逐步蚕食各国的领土,削弱他们的势力,渐渐的,秦国一天比一天强大。

到底要不要杀韩非？

编辑老师：

你们好！

前些年，我看了韩国公子韩非写的几篇文章，是关于君王怎么集中权力、加强法治的，写得实在是太精彩了，当时我就想，我要是能见见韩非，那该多好啊。

前不久，韩国派人来求和，被派来的使者正是韩非！虽然他有点儿口吃，但我还是很欣赏他。哈哈，韩非要是肯投靠我，秦国离统一天下的日子还远吗？

不过，李斯的一句话提醒了我。他说，韩非是韩国的公子，怎么会帮助秦国来对付韩国呢？

我觉得李斯的话很有道理，就先把韩非关了起来。现在我有点儿矛盾，该怎么处理这个韩非呢？杀了吧，这么优秀的人太可惜了；放他回去吧，恐怕又对我们秦国不利。编辑们能给我一个好建议吗？

嬴政

秦王：

您好！

现在说这些恐怕已经太迟了。我们刚刚接到消息，李斯已经派人把韩非毒死了。真是可惜了，这么优秀的人才……

我看，李斯不让您重用韩非，真正的原因是怕韩非抢走他的地位。像李斯这样的小人，您最好要当心点。

报社编辑

百姓茶馆

逃兵甲

这韩非和李斯不都是荀子的学生吗？怎么自相残杀呢？不过我可不喜欢韩非，他居然把儒家、游侠、纵横家、逃兵和工商业者称为"五蠹（dù）"，也就是五种蛀虫，要清除掉。幸亏他这主张没实现，不然我可就惨了！

柳大夫

秦王虽然失去了韩非，不过听说，最近他又得到了一个叫尉缭的能人。尉缭为了防止六国"合纵"，劝秦王花上30万两黄金，分别去贿赂各国权臣。这样，秦国虽然暂时损失了一些钱财，但灭掉六国后，还怕这些黄金拿不回来吗？

武士小乐

听说现在，秦王对尉缭言听计从，还让他享受和自己一样的衣服、食物。不过，尉缭这个人会看面相，他见秦王长了一张残暴的脸，认为秦王在有求于人时非常诚恳，但一旦被冒犯，就会变得残酷无情。所以，尉缭三番五次想逃跑呢。

船夫老蒙

哈哈，尉缭每次逃跑，最后都会被秦王追回来。次数一多，尉缭也只好死心塌地地留在秦国，为秦王效力了。

移花接木，引来灭门之灾

公元前238年，楚国发生了一场血案，楚国的宰相、战国四公子之一的春申君，竟然被人灭了满门！到底发生了什么事呢？

原来，楚考烈王没有子嗣，心急如焚。春申君也因此心怀不安，于是命人到处寻找有"宜子"之相的女子，送给楚考烈王。

春申君有个叫李园的门客，想把妹妹嫣嫣献给楚王，但又担心万一妹妹进宫后，也生不出儿子，怎么办呢？

过了没多久，李园故意请假回了一趟老家，回来的时候，又故意迟到了。春申君有些不高兴，问："你为什么迟到呀？"

李园说："这都是因为我的妹妹嫣嫣，齐王见她长得漂亮，想娶她，派使者来跟我求亲。我跟使者多喝了几杯，所以迟到了。"

春申君一听："呀，连齐王都想娶的女人，该有多漂亮啊！"李园看见春申君动心了，就把妹妹嫁给他做小妾。

一段时间后，嫣嫣有了身孕。她对春申君说："大王没有儿子，将来一定是他的兄弟继承王位。您身居高位多年，难免有得罪大王兄弟的地方。到时候，您就危险了。不如您把我献给大王，万一生下儿子，将来，您就是太子的父亲。"

春申君一听，好主意啊，于是真的把嫣嫣献给了楚王。几个月后，嫣嫣果然生了一个儿子。楚王高兴坏了，立刻把他立为太子，又把嫣嫣立为王后。

八卦驿站

没多久,楚考烈王就得了重病,眼看快不行了。门客朱英跑到春申君面前,说:"世上有飞来横福,也会有飞来横祸。"

春申君摸不着头脑,问:"什么是飞来横福?"

朱英说:"大王如果去世,太子一即位,您就是伊尹、周公,这是飞来横福;李园没有掌管军事,却悄悄地养了一批刺客,大王死后,他一定会抢先进宫夺权,然后杀掉您,这是飞来横祸。不如这样,您让我做郎中,李园要是抢先进宫,我就帮您杀了他。"

春申君不以为然,说:"李园是个胆小如鼠的人,才不敢做那种事呢!"

十几天后,楚王病死了。李园果然抢先进宫,在宫门两侧埋伏了许多刺客。春申君一进宫,就被刺客砍掉了脑袋。就这样,春申君惨遭灭门之祸。李园全面把持了楚国大权。

名人有约

特约嘉宾：李牧

身份：赵国名将

大：大嘴记者　李：李牧

大：李将军，您好！听说这些年来，北方的匈奴越来越嚣张了啊！
李：没错，这些可恶的匈奴人，隔三差五就来骚扰我们，所以大王才派我去北方戍守边疆。

大：请问您到了北部边境后，做了一些什么？
李：完善一下烽火台啦，多派兵把守那些重要的关口啦，多派一些人去侦查匈奴的情况啦。嗯，还有最重要的一点，提高军队的战斗力。

大：怎么提高？能给我们透露一下么？
李：很简单，一个是要跟士兵搞好关系，比如，每天杀几头牛给他们吃。这样，他们就会心甘情愿地为你卖命；还有一个就是加强训练。

大：我猜您一上任，就给了匈奴一个下马威吧。
李：不不不。刚开始几年，我们根本没有与匈奴打仗。我下了一道命令：如果匈奴来抢我们的东西，我们就马上把东西收拾好，退到城堡里防守。谁要是擅自捕杀匈奴人，一律斩首！

大：啊？这是为什么？这不是助长匈奴的嚣（xiāo）张气焰吗？
李：呵呵，刚开始，匈奴人也以为我李牧胆子小，好欺负，就连我

名人有约

们赵国的将士也对我不满。有人还把状告到大王那里，大王也急了，要我反击。可我就是不出击，哼哼。

大：哦，我知道了，您是故意这么做的，对吧？
李：对啊。不过，大王的性子有点儿急，就把我召回去了，派另外一个将领来代替我。那个将领一上任，就跟匈奴大战了几场，结果每次都打败仗。大王一看不行，只好又把我派回去了。

大：老是不出击也不是办法呀！您这葫芦里卖的究竟是什么药？
李：哈哈，听我慢慢给你解释吧。经过几年的训练后，我们军队的战斗力比以前强多了。而这几年，匈奴却松懈下来。可以这么说，我们要么不出击，一出击，就必然打大胜仗！所以在那场决战中，我们一共消灭了10万匈奴骑兵。至此，匈奴再也不敢骚扰我们的边境啦！

大：高，果然是高啊！听说，后来您离开边境后，又跟秦国打了两场仗，每次都把秦军打得鬼哭狼嚎。
李：秦王的狼子野心，想吞并我们赵国。但只要有我李牧在，就绝不会让他们得逞！

大：可是我听说，秦国准备用反间计来对付您。他们买通了奸臣郭开，让他到处散播流言，说您跟秦国串通好了，要谋夺赵王的王位呢。
李：胡说八道，我李牧忠心耿耿，怎么会做那样的事！

大：您当然不会造反啦，可是，赵王这个人有点儿糊涂，您还是要小心点儿啊！

（公元前229年，赵王听信谗言，杀了李牧，三个月后，赵国的都城邯郸就被秦国攻占了。）

广 告 铺

改一字，赏千金

为传播天下文化，本丞相高薪聘请了一批学识一流、文采一流的门客，编写了一本《吕氏春秋》。该书汇集了先秦各派学说，博采众家之长（史称"杂家"）。本人认为该书已经达到当代编书水平的最高峰，若有哪位文士不服气，能改动其中文字，每改动一字，即赏千两黄金。欢迎大家前来领取赏金。

吕丞相府

都江堰工程招工启事

由于蜀郡经常发生水灾，洪水一来，百姓就要收拾东西，四处流亡。而水灾的源头就是岷江。为了治理水灾，我决定在岷江上建一座都江堰。这项工程规模浩大，可造福千年。现需要大量的人力及水系图谱绘制者，有意者欢迎前来报名，要求身体健康，无疾病史。包吃包住，酬劳优厚！

蜀郡太守李冰

求荀子的名言

"青，取之于蓝，而青于蓝""仁者爱人，义者循理""学无止境"……这些都是当代大文学家、大思想家荀子的名言，我觉得写得太好了！不知道荀子还有什么其他的名言，你要是知道的话，请写信告诉我好吗？

书生小豆

第⑫期

〖公元前227年—公元前221年〗

秦王统一天下

穿越必读 ▸

秦国灭掉韩国后，威胁到燕国。燕国太子丹为了保存燕国，派荆轲去刺杀秦王，惨遭失败。随后，秦国陆陆续续灭掉魏国、楚国、燕国、赵国、齐国，统一天下，并建立了中国历史上第一个封建王朝——秦朝。

壮士一去兮不复还
——来自易水的加密快报

公元前227年，易水边上，燕国的太子丹和一群宾客身穿白衣，头戴白帽，为勇士荆轲送行，场面非常悲壮。

当荆轲唱道："风萧萧易水寒，壮士一去兮不复还。"送行的人都忍不住流下了泪水。

来自易水的加密快报！

不管怎么看，这都不像是一场送别会，而是一场送死会。事实上，荆轲这一去，确实有送死的嫌疑。因为，他这次的任务是——刺杀秦王嬴政！

现在的秦王嬴政，可以说是天下人的公敌，六国的老百姓都恨不得除之而后快。但大家都是想想而已，谁也没敢付诸实践。因为秦王嬴政的身边有重重守卫，连见一面都难，更别说刺杀他了！万一被抓住了，那可是小命不保啊！

而这个荆轲明知不可为而为之，是什么力量让他愿意为燕太子丹肝脑涂地？难道没有别的方法了吗？

现在，荆轲喝完了送行酒，登上了马车，头也不回地走了。望着他决绝的背影，我们衷心地祝愿他，一路好运！

荆轲刺秦，功亏一篑

自从秦国渐渐强大后，秦王嬴政便有了统一天下的野心。前几年，它灭掉了韩国，占领了赵国的都城邯郸，前不久又把魔爪伸向了燕国。

燕国的太子丹心急如焚，他实在想不出别的办法，就决定找个刺客把秦王嬴政干掉。他选中的那名刺客，正是荆轲。

荆轲对太子丹说："想要接近秦王，就必须先得到他的信任。我听说，督亢（今河北省涿县一带）是燕国最肥沃的土地，秦王早就想得到它了。还有秦国的将军樊於期犯了罪，现在在燕国流亡，秦王正悬赏捉拿他。如果我把督亢的地图和樊於期的人头一起献给秦王，他一定会上当！"

太子丹却为难地说："地图好办，但樊将军在走投无路时投奔了我，我怎么能伤害他呢？"

荆轲于是就自己去找了樊於期，将对太子丹说的话又跟樊於期说了一遍。樊於期听后，毫不犹豫地拔剑自刎了。

一切都准备好了，荆轲

却还没有动身。太子丹去催促。原来荆轲是在等一个帮手。太子丹焦急地说:"我手下有一个勇士,叫秦舞阳,让他陪你一起去吧!"

荆轲只好出发了。在见秦王前,荆轲把用毒药浸好的匕首卷进了地图里,然后自己捧着木匣子,让秦舞阳捧着地图,一前一后地走上殿。谁知,秦舞阳见宫殿里庄严肃穆,吓得脸色惨白,双腿不停地发抖,引起了秦王的怀疑。

秦王对荆轲说:"叫他把地图给你,你给我呈上来吧。"

荆轲只好接过地图,走到秦王面前,慢慢地把地图打开。当地图完全摊开后,寒光闪闪的匕首露了出来,秦王大吃一惊。

这时,荆轲已经拿起匕首,狠狠地朝秦王刺去,可惜没能刺中。

秦王拔腿就跑,荆轲拿着匕首追了上去。秦王无处可逃,只好绕着大殿的铜柱子闪躲。

大臣们都吓坏了,有个叫夏无且的医生情急之下,举起手中的药箱向荆轲砸去。荆轲用手一挡,那只药箱就飞到一边去了。趁这机会,有人提醒秦王:"大王,背上有剑!"

秦王马上抽出背上的宝剑,一剑砍中了荆轲的左腿。荆轲一下子倒在了地上。他忍着剧痛,把匕首朝秦王狠狠地掷去,却没有掷中。秦王又上前刺了荆轲八剑。荆轲身受重伤,靠在铜柱子上,大笑着说:"你以武力侵入六国,看你能统治多久!"

这时,殿下的侍卫听到秦王的命令,全都赶了过来,瞬间就把荆轲剁成了肉酱。

百姓茶馆

袁先生：太子丹满脑子想的都是向秦王行刺，一看就是激进派、冒险派，要是当初他听从他老师的话，联合其他国家，跟匈奴讲和，不更稳妥些吗？可惜他一刻都等不了。荆轲是跟错了人啊！

齐屠夫：我倒觉得不管有没有荆轲，燕国都保不住啦。只不过现在燕国惹怒了秦王，灭亡得更快一点儿而已。

剑士小韩：我就不明白，杀了秦王，燕国就可以保住了吗？杀了这一个秦王，不还是有下一个秦王吗？听说，荆轲刺杀秦王失败以后，秦王气急败坏，不但派了更多的兵马去赵国，还派将军王翦去攻打燕国呢！

燕国王县丞：你还不知道啊，秦国已经把燕国的都城蓟城攻下来啦。燕王没办法，为了请罪，只好把太子丹杀了，把他的脑袋献给了秦王。可就算是这样，秦王也没打算放过燕国呢！

画师阿童：听说前不久，秦国把魏国也灭了，魏王和大臣都已经被押到了咸阳城。接下来秦王就要去攻打楚国啦！我估计过不了几年，秦王就会把其他的国家灭了。到时候，天下就统一啦！

秦王不听我的话怎么办？

编辑老师：

你们好！

我叫王翦，是秦国的一名老将。前不久（公元前226年），大王（嬴政）要攻打楚国，将我们这些将领叫去开了一场会。大王先是问李信，攻打楚国要多少人马？李信年轻气盛，竟然说只要20万人马！

大王又问我要多少人马，我就说，楚国是个大国，20万人马太少了，至少要60万。大王听了很不高兴，说我年纪大了，怎么胆子也变小了。于是他没有听我的建议，派李信带着20万人马去攻打楚国了。

既然大王不听我的话，我继续待在这里也没什么意思了，就跟大王辞了官，回家养老去了。可是我担心，李信这一去，肯定要吃一个大败仗，唉！

王翦

王翦将军：

您好！

您说得很对，楚国并非燕、赵，它地大物博，兵源丰富，是个很强劲的对手，所以要攻打它，一定要像您一样谨慎。

李信这样信口开河，我敢肯定，这场仗他是输定了。不过您放心，到时候，秦王知道自己错了，一定会亲自来向您谢罪，并请您带兵去攻打楚国。到时候，别说60万兵马，就算您跟他要100万兵马，他也会听您的。您就安安心心地在家里等着吧。

报社编辑

秦王灭六国，统一天下

没多久，李信的20万秦军被楚国的项燕打得落花流水，狼狈不堪地逃了回来。秦王闻讯，十分震惊，这才知道自己用错了人，于是，亲自到王翦的故乡频阳去向王翦谢罪。

三天后，王翦托人对秦王说："臣有病，大王请回吧。"

秦王嬴政知道王翦在生气，再三赔罪说："寡人轻信李信，这是寡人的错，如今楚国士气正盛，秦国正处在生死存亡的紧要关头，将军忍心不管吗？如果真是这样，那算我看错人了。"

王翦说："若一定要我出兵，我仍要60万人马。"

秦王答应了，并亲自把他们送到灞（bà）上。

楚国知道王翦出马，立刻发动全国的兵力，跟秦国对抗。

可王翦到了边境后，却对他们不理也不睬，只是专心修筑城池，摆出一派坚固防守的姿态。无论楚军如何挑战，就是不出战。楚军不敢怠慢，花费了大量兵力物力，时刻防御。

而王翦呢，每天和士兵们一起吃饭，一起休息，给士兵们吃好的喝好的，让他们好好休息。

不久，王翦派人打听楚国士兵们平时在玩什么。回答说："正在玩投石、跳远的游戏。"

王翦听了，十分高兴地说："可以出兵了！"

秦军等了整整一年的时间，一身的劲儿正愁没处使，很快就攻占了楚国的都城寿春，还活捉了楚王迁。楚国就此灭亡。

王翦回到咸阳后，他的儿子王贲接替他的位置。公元前221年，王贲收拾好燕、赵的残余势力后，由燕地直逼齐国。

齐王建原本认为，齐国跟秦国是盟国，而且离秦国又远，秦国是不会来攻打齐国的。所以，当秦国攻打其他几个国家时，他选择袖手旁观，眼睁睁地看着其他五个国家灭亡了。

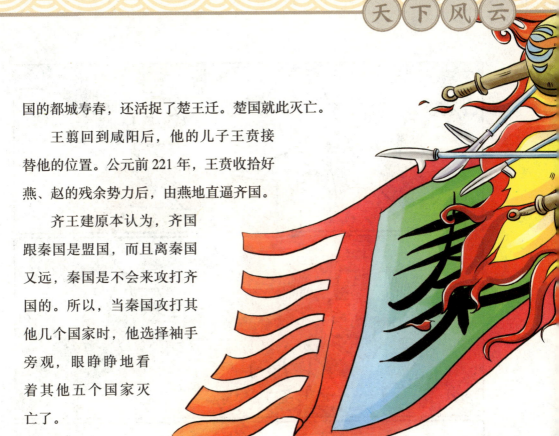

当王贲带着几十万秦军，气势汹汹地朝齐国扑来时，齐王建才慌了。

可是，这时后悔已经晚了，其他国家都完蛋了，谁还会来帮助他呢？所以，王贲带着秦军，如入无人之境，轻轻松松地就打进了齐国的都城临淄（zī）。齐王建没说的，不战而降。

不到十年的时间里，秦王灭掉了六国，统一了天下，而中国也从此结束了漫长的诸侯割据时代，进入了一个新的时代——秦朝。

王翦向秦王要田宅

大家都知道，战国时期有四大名将：廉颇、白起、李牧和王翦。除了王翦，其他名将的下场都十分悲惨：廉颇老死在他乡，白起被迫自杀，李牧也被赵王杀掉了。那么，为什么只有王翦最后得到善终呢？

据说，当初王翦领着60万秦军去攻打楚国前，跑到秦王面前，说："大王，我为秦国打了一辈子仗，现在年纪大了，想请大王赐我一些田地和宅子，一来我自己可以养老，二来也能给子孙留点儿财产。"

秦王一听就笑了，说："将军，你为秦国立下了这么大的功劳，还怕没有富贵吗？你放心，等你打了胜仗回来，我一定封赏你！"

这时，王翦的副将蒙恬忍不住了，说："将军，仗还没开始打，你就向大王要赏赐，是不是有点儿过分了？"

王翦叹了一口气说："你想想，大王本来就是个多疑的人，现在，他几乎把全国的兵马都交给我了，怎么会放心呢？我多向大王要点儿田宅作为子孙基业，大王就会认为我会世代忠诚，对我也就放心啦。"

果然，秦王见王翦心系故土，满心欢喜，就打消了对他的疑虑。王翦灭掉了楚国后，便顺利地告老还乡了。

臣只想要些田地告老还乡。

名人有约

大嘴记者

特约嘉宾：
荆轲

身份：燕国刺客

大：大嘴记者　**荆**：荆轲

大：荆轲先生，您好！请问您是哪国人？

荆：这个嘛，有点儿复杂，我的祖先是齐国人，后来搬到了卫国。我是在卫国长大的，因为喜欢到处游山玩水，最后来到了燕国，住得久了，大家都以为我是燕国人了……嗯，总的来说，我是卫国人。

大（汗）：听说您很喜欢读书击剑，是个文武全才，为什么不留在卫国，替卫王效力呢？

荆（微笑）：我还是比较喜欢到处走走。

大：请问在游历的过程中，您遇到过什么好玩的事情没有？

荆：多得很呢！有一次我去榆次拜访一个叫盖聂的剑客，跟他谈论剑术。谈着谈着，他可能是不同意我的观点，就拿眼珠子瞪我。

大：那您是怎么还击的？也拿眼珠子瞪他，还是跟他比剑？

荆：哈哈，他要瞪就让他瞪好了，我什么也没做，当天就离开了榆次。

大（失望）：还有什么更好玩的事情没？

荆：还有一次，我来到邯郸，跟一个叫鲁勾践的人玩游戏，玩着玩着，就发生了争执。鲁勾践是个暴脾气，把我骂得狗血淋头。

大：啊？那您将他痛扁了一顿？

名人有约

荆：我什么也没做，转身跑了。

大（嘀咕）：……请问，我眼前的这个人，是那个将要去刺杀秦王的勇士吗？怎么这么窝囊？

荆：哈哈！没错，就是我荆轲，如假包换。

大：对了，听说您在燕国认识一个好朋友，叫高渐离。他也是个刺客吗？

荆：不不不，他是个杀狗的。

大：……

荆：别看他是个杀狗的，他很擅长击筑（古代的一种击弦乐器）。我常常跟他一起出去喝酒，喝醉后，他击筑，我唱歌。想想那些日子，可真是快活啊！他也很支持我的这次行动。

大：唉，我一直以为您是一位非常冷酷的杀手，没想到，您竟然这么平易近人。

荆：本来我是野鹤一只，但太子丹对我太好了，有什么好吃的，好用的都记着我，把我当贵宾招待。

大（嘀咕）：他想让您替他卖命啊，能不对您好吗？

荆：如果能刺杀成功，我荆轲这一生也算对得起朋友，对得起天下百姓了。我现在唯一担心的就是我的助手秦舞阳。

大：听说他12岁就杀过人，别人根本就不敢惹他啊！

荆：杀了人就是勇士了吗？有的人只是外表强大，内心虚弱得很。我本来想等我的一个朋友来，但太子丹等不及，以为我要反悔，老催我。我只好马上上路了。

大：可怜的人，被人当枪使了。唉，我真想下次有机会还能领略您的风采。好吧，祝您刺秦成功！（嘀咕）虽然明明知道会失败……

207

广 告 铺

谁与我一同祭拜荆轲？

　　荆轲是我最崇拜的英雄，明天又到了荆轲的祭日，有谁愿意与我一同去荆轲塔祭拜他吗？（荆轲塔是燕国人为纪念荆轲修建的，里面放了荆轲的衣冠。）

剑客阿满

尚黑令

　　黑色是一种吉祥之色，我很喜欢。世间没有任何一种颜色可以比得上黑色。因此，我规定以后，大家的衣服、军队的旗帜统统都用黑色。

秦王嬴政

魏国守将的遗书

　　前一段时间，秦军攻打我们魏国的都城大梁。我们打不过，只好将城门关得紧紧的。谁知道，缺德的秦军竟然将黄河、鸿沟的水引来，打算淹了大梁城。现在，城墙已经被冲塌了，听说大王也打算投降了。唉，身为守将，没能保卫好国家，保卫好首都，我只能以死殉国了。

魏国一大将

天下从此一家人

　　寡人以气吞山河之志，历经十年之久，吞灭六国，结束了自周平王以来500多年的战乱局面，也让天下所有百姓有了一个统一的、共同的家。我宣布，为加强全国各地人民的大团结，七国之间的壁垒和城墙从即日起，统统拆除！

　　让我们举杯庆贺，从此以后，全天下百姓都是一家人了！

嬴政

智者第 4 关

1. 为了统一中原,范雎为秦昭王献了一个什么计策?
2. 是谁纸上谈兵,葬送了 40 万赵军?
3. 赵国的 40 万大军向秦国投降后,最后结局怎样?
4. 毛遂自荐成功了吗?
5. 是谁因为小妾嘲笑了一个跛子,就把小妾杀了?
6. "奇货可居"这个成语是谁说的?
7. 吕不韦让门客编的一部百科全书叫什么?
8. "战国四公子"指的是哪四个人?
9. 赵国抵抗匈奴的名将是谁?
10. "战国四大名将"分别是谁?
11. 战国四大名将中,唯一有好下场的是谁?
12. 为了让荆轲刺杀秦王,是谁献上了自己的人头?
13. 是谁托荆轲去刺杀秦王?
14. "荆轲刺秦"成功了吗?
15. 六国之中,第一个被消灭的哪个国家?
16. 是谁灭了六国,统一天下?

智者无敌 王者为大

智者为王答案

第 1 关答案

1. 郑庄公。

2. 因为孔子曾经编了一部名为《春秋》的史书,这部史书刚好记录了东周前半期鲁国历史,因此,后人又将这一时期称为春秋时期。

3. 洛邑

4. 鲍叔牙。

5. 齐国。

6. 齐国和鲁国。

7. 曹刿。

8. 铲子状。

9. 管仲。

10. 百里奚。

11. 宋襄公。

12. 晋文公。

13. 齐国。

14. 城濮之战。

15. 介子推。

第 2 关答案

1. 楚庄王。

2. 樊姬。

3. 将它煮熟,分给士兵们吃了。

4. 伍子胥。

5. 专诸。

6. 申包胥。

7. 《孙子兵法》。

8. 指企图夺取天下。

9. 伯嚭。

10. 勾践。

11. 不是,是西施。

12. 孙武。

13. 文种。

14. 孔子。

15. 《道德经》。

智者为王答案

第3关答案

1. 赵国、魏国和韩国。
2. 鲁班。
3. 吴起,他写了一本《吴子兵法》。
4. 商鞅。
5. 是的。
6. 商鞅最后被五马分尸,而且被灭了族。
7. 庞涓。
8. 孙膑。
9. 合纵就是联合六国,共同对付秦国,是苏秦提出来的。
10. 连横与合纵对应,就是拆散六国联盟,是张仪提出来的。
11. 火牛阵。
12. 蔺相如。
13. 廉颇和蔺相如。

第4关答案

1. 远交近攻。
2. 赵括。
3. 都被白起活埋了。
4. 成功了。
5. 平原君。
6. 吕不韦。
7. 《吕氏春秋》。
8. 孟尝君、平原君、信陵君和春申君。
9. 李牧。
10. 廉颇、白起、李牧和王翦。
11. 王翦。
12. 樊於期。
13. 燕国的太子丹。
14. 失败了。
15. 韩国。
16. 秦王嬴政。

给力的答案!